大夏书系 · 学校领导力

凌宗伟 黄正 / 等 编著

学会管理

Xuehui Guanli

Fazhan Guihua Yu Xuexiao Fazhan

发展规划与学校发展

华东师范大学出版社
全国百佳图书出版单位
· 上海 ·

图书在版编目（CIP）数据

学会管理：发展规划与学校发展 / 凌宗伟等编著 . —上海：华东师范大学出版社，2021

ISBN 978 - 7 - 5760 - 2295 - 7

Ⅰ. ①学 … Ⅱ. ①凌 … Ⅲ. ①中小学—学校管理—研究 Ⅳ . ① G637

中国版本图书馆 CIP 数据核字（2021）第 235423 号

大夏书系 · 学校领导力

学会管理：发展规划与学校发展

编　　著　凌宗伟　黄正 等
策划编辑　朱永通
责任编辑　万丽丽
责任校对　杨　坤
封面设计　奇文云海 · 设计顾问

出版发行　华东师范大学出版社
社　　址　上海市中山北路 3663 号　邮编　200062
网　　址　www.ecnupress.com.cn
电　　话　021 - 60821666
客服电话　021 - 62865537
邮购电话　021 - 62869887　地址　上海市中山北路 3663 号华东师范大学校内先锋路口
网　　店　http：//hdsdcbs.tmall.com

印 刷 者　北京季蜂印刷有限公司
开　　本　700 × 1000　16 开
插　　页　2
印　　张　14
字　　数　207 千字
版　　次　2022 年 1 月第一版
印　　次　2022 年11月第二次
印　　数　6 101 - 9100
书　　号　ISBN 978 - 7 - 5760 - 2295 - 7
定　　价　55.00 元

出 版 人　王　焰

目录

下篇 学校发展规划样本

序一

规划的价值在于推动学校发展

庞 川

20 世纪 80 年代后期，英国的哈格里夫（D. H. Hargreaves）和霍普金斯（D. Hopkins）开始在英国中小学校积极倡导并推进学校发展规划活动。两人于 1991 年出版了《被授权的学校：发展规划的管理与实践》一书，较早明确而又较为系统地提出“学校发展规划”（School Development Planning，简称 SDP）这一概念，并系统地阐述了他们有关学校发展规划的思想。

有人说英国是学校发展规划项目的发源地，我们今天能看到的关于学校发展规划的代表性译著也是英国学者戴维斯（B. Davies）和埃里森（L. Ellison）所著的《学校发展规划》，这本书是英国学校发展规划领域的代表作，它既反映了英国在学校发展规划理论研究方面的成果，又反映了英国中小学校长在学校发展规划实践方面的最新探索。

2013 年、2015 年教育部先后制定印发了《义务教育学校校长专业标准》《普通高中校长专业标准》《中等职业学校校长专业标准》《幼儿园园长专业标准》。这几个标准明确提出了“规划学校发展、营造育人文化、领导课程教学、引领教师成长、优化内部管理、调适外部环境”等校长的六项专业职责，其中首要的就是“规划学校发展”，“校长标准”明确指出“校长作为学校改革发展的带头人，担负着引领学校和师生发展的重任；树立正确的学校发展观，将发展作为学校工作的第一要务，秉承先进教育理念和管理理念，建立健全现代学校制度，完善学校管理机制，依法治校，实施科学管理、民主管理，推动学校可持续、有特色地发展”。并针对不同学段学校如何规划学校发展提出了十点相应的要求，但只是纲目性的，没有具体的操作层面的详尽阐述。尽管如此，这些标准至少明确了“规划学校发展”是校长的专业职责之一。要规划学校发展，自然必须学习如何编制发展规划。

学校发展规划是什么，学校规划与学校发展的关系如何，学校规划的制定只是校长的事吗，学校规划如何编制，学校规划在实施过程中需要注意些什么，这些问题尽管有一些文章零零星星地阐述过，也有楚江亭等人编写的《校长如何规划学校发展》，但从所见具体的学校规划文本看，校长朋友们对上述这些问题的认识是模糊的，表述欠规范、欠科学。

《学会管理：发展规划与学校发展》的两位主要作者凌宗伟与黄正，一位是具有多年学校管理经验的退休校长，一位是从事管理研究与教学的大学老师，这样的组合优势就在于理论与实践能很好地结合。通读书稿，读者们一定会发现这本书最大的亮点是在上篇的理论阐述的同时穿插实践案例的链接以帮助读者更好地理解作者们的观点与建议，下篇则选择了来自不同区域不同类型学校，不同主旨与风格的学校规划案例，以及各校对规划实施的经验总结与问题反思，以供有不同需要的读者参考。

这本书的另一个特点在于详尽阐述了学校发展的要素——学校哲学、办学主张、学校精神、学校文化、学校特色（品牌）、课程架构、课堂教学、教师发展、学生发展、教育科研、办学形式及规模、校舍（校园）及教学设施等，明确提出了“只有学校的所有员工都领会了学校哲学、办学主张及学校精神并用其指导实际行动，学校才可能沿着健康的方向发展”的观点。或许我们会认为学校哲学、办学主张及学校精神属于务虚的东西，但是当我们明白了学校哲学决定了学校的办学走向，制约着学校的办学定位，学校精神影响着全体师生员工的精神面貌的道理以后，就会了解，只有在清晰健康的学校哲学、办学主张、学校精神指导下编制出来的学校发展规划，才有可能引领学校沿着科学的发展方向前行。

相信读者们在这本书的阅读过程中一定会找到各自需要的东西，更相信读者们通过阅读会增强对规划的编制与实施在学校发展中的价值和意义的理解。

（庞川，教授，江西省政协委员、澳门科技大学副校长、研究生院院长）

序二

有好的规划才有好的发展

任 勇

我一边读着凌宗伟、黄正等老师编著的《学会管理：发展规划与学校发展》一书的电子版，一边考虑如何为这本书拟个好的序言标题。我想到了“好谋而成者也”，这是《论语·述而》之语，学校发展规划是“谋”；我想到了“‘预’见未来”，学校发展规划也是“预”，“凡事预则立，不预则废”，有预见就有好未来；我想到了“规划：学校发展的内驱力”，意在婉转地批评有些学校没有真正意义上的规划，规划何止是内驱力，更是学校发展的新动力；我想到了“从规划学校到领导学校”，它想表达的是规划不仅让校长学会管理，更让校长找到领导学校的路径；我想到了“发展规划让学校走向高品质”，好的规划是基于科学论证的，是融入办学思想的，是引领学校高品质发展的。

其实这些“想到了”，都表明“规划”的重要性。最后套用“有好的教师，才有好的教育”之意，定下“有好的规划才有好的发展”为本文标题，感觉更能让大家接受。若套用“谁赢得教师，谁就赢得未来”的话，我们还可以说“谁拥有规划，谁就拥有未来”。

学校发展规划是什么？作者说得好：学校发展规划是一种思维方式，是一种管理策略，是一个学习过程，是一条行动路径，是一种具有约束力的承诺。

学校发展规划有什么特征？作者明确指出，具有针对性、可行性、持续性、动态性和前瞻性。

学校发展规划如何编制？作者认为，学校发展规划，要进行需求调研，要进行项目的评估，要有对目标与愿景的确定与陈述，要充分考量学校发展要素设计。

当规划浸润办学思想时，规划就是一种登高远望的视角和谋划，就是一种教育价值的追求和引领，就是一种理念融入的落实和运行，就是一种教育规律的体现和构建，就是一种教育良知的坚持和守望，就是一种教育本真的遵循和践行。

走向未来的基础教育，没有学校发展规划是不行的。这种规划，就是面向未来的当下使命。“谋好未来”先要“做好当下”，具有“预见未来”的学校的“当下规划”，“道路”正确，其行必远。学校要持续发展，就要“面向未来”去构建，营谋一种未来教育的文化，探索一套适应未来的管理，引领一支胜任未来的团队，营建一所未来学校的样态。

“教育理想高于天，落地方有百花园。”作者不仅给出学校发展规划的“理”，还给出了学校发展规划的“例”——各具亮色的学校发展规划样本。可见，规划让学校路径明晰地前行，让学校充满激情地探索，让学校理性智慧地发展。

我们一起看看这些样本的亮色：

南京市江宁高新区中学的教育哲学“让学校适应学生”，教育不是让不同的学生成为相同的人，而是让不同的学生成为各具个性的、更好的自己。

江苏省海州高级中学，着力营建能激发每个人的才智和创造力发挥的校园文化环境，适合每一位学生潜能充分发挥和个性全面发展的教育教学环境，促进每一位教师特色发展和卓越发展的专业成长环境。

常州市星河实验小学教育集团的“创想教育”，去创建一个蓬勃向上的生命共同体，去构建一个和而不同的文化共同体，去搭建一个从游而上的创想共同体。

上海市澄衷高级中学探索基于“性灵教育”思想的“现代商业素养培育”特色管理机制、课程体系和实施路径，把学校建成全面发展兼有现代商业素养培育特色的普通高中。

浙江省临海市回浦中学的“四体共建”生涯规划教育：“四体”（生涯课程、生涯品质、生涯体验、生涯咨询）齐头并进，达成“共建”。

黑龙江省富锦市双语学校的校训是：为爱而教，学而自由。办学理念为：“母语为基、外语为辅、专业为本、道德为魂”，培养具有民族灵魂和国际视野的中国人。

端坐在电脑前，看着书稿，我在思考：一所学校可以是什么样态？我似乎有了新的感悟，如果一所学校有了好的发展规划，就为好的发展奠定了良好的基础。这所学校可以是一所让师生灵性生长的学校，可以是一所让师生发展至上的学校，可以是一所诗意追求奔向未来的学校……

规划，是解决方向性问题，好的规划就相当于找到了达到理想境界之路。既然路已经找到了，就不怕它遥远了。

（任勇，原厦门市教育局副局长、巡视员，数学特级教师，享受国务院政府特殊津贴专家，获评“当代教育名家”称号）

上　篇

学校发展规划与编制

教育学者吴宗立先生认为，教育行政的有效运作有赖于计划，“预为筹谋，妥善规划”，并长于协调统合，才能有效地达成教育目标。规划对一所学校而言，既是一种思维方式，更是一种行动策略，也是一个学习过程，还是一条行动路径。

01

学校发展规划是什么

谈及规划，我们往往容易将其与城乡建设联系起来。这是对规划概念以偏概全的理解。规划，简单一点说就是计划，是个人或团队组织制订的比较全面长远的发展计划，是个人或团队组织对未来的整体性、基本性问题的系统化思考，是对个人或团队组织未来发展愿景的谋划，也是对未来一个时期使愿景变为现实的行动方案的预设。

我们这里所说的规划，是团队组织比较全面长远的发展计划。学者吴宗立先生在《学校行政研究》中说："计划是行政管理的首要程序，具有引导行动、统合资源与目标管理的功能，也是提升行政效能的重要工具。组织目标的达成，有赖于计划的引导，透过系统化的资料汇集与评估，采行合理的决策，化为具体的行动；另一方面，计划的过程中，运用沟通、协调、管制、评价，妥善缜密的规划，则能促进组织的健全发展。因此，计划在行政管理中是推展工作的基础，是行政运作的蓝图。"吴先生认为，教育行政的有效运作有赖于计划，"预为筹谋，妥善规划"，并长于协调统合，才能有效地达成教育目标。

有的学者认为："学校发展规划是在学校层次、通过自下而上的方式所制定的规划，是由学校和社区自主所制定的关于学校未来发展方向的规划，而不是由别人替它制定的。"它是一所学校在未来特定时间内要达到的主要目标，包括硬件方面和软件方面。"学校发展规划是一种学校管理方式的更新，是通过学校共同体成员来制订、实施和评价学校发展的综合性方案的过程，是为学校发展提供支持能力，并不断探索学校的发展策略、持续改进教育教学质量的过程。”“学校发展规划是指一所学校根据国家或地区教育发展战略计划的要求，结合自身条件，对学校未来三至五年内要达到的主要目标和发展途径，如学校发展目标、发展规模与速度、组织结构、人力资源、办学条件、实施策略等方面所作的安排。”（曹鑫海 & 惠中，2009）

从我们的认识来看，学校发展规划，从其定位角度大致分战略规划、策略规划、行动计划三种。战略规划指向学校发展的长期愿景，属于长期规划，一般时限为 5 ～ 10 年；策略规划一般考虑学校发展的优先项目，属于学校发展的中期规划，一般时限为 3 年；行动计划一般考虑的是马上就要做的，时限往往为一年。从其编制主体角度大致分为学校发展规划、部门发展规划、个人发展规划；从其范围角度大致分为总体发展规划、项目发展规划。

江苏省常州市武进区星河实验小学庄惠芬校长认为，从战略领导的视角看，不少学校在编制学校发展规划的过程中还存在如下几个问题：

第一，缺失角色创造。具体来说，是指没能完成从执行角色向“执行 - 创造”角色的转换，难以形成战略意识。在校本管理的理论支撑下，学校管理的重心在下移，学校不仅是执行上级政策的地方，也是教育改革的策源地。这就要求校长把握好“执行 - 创造”的角色定位，创造性地开展工作，形成战略型领导所必须具有的战略意识。

第二，缺乏战略思维。具体来说，是指没有将规划建立在对学校历史、现在与将来进行全面分析的基础之上。学校发展规划是平面的，而不是立体的。战略思维要求我们一要看过去，二要看将来。不厘清过去，学校发展就忽视了自身的基础与经验，规划就成了对学校工作的某种技术性安排，就失去了战略引领的功能。

第三，缺少全位思考。具体来说，是指没有真正把校园文化作为学校发展规划的重要内容。校园文化是学校教育的重要组成部分。良好的校园文化以鲜明正确的导向引导、鼓舞学生，以内在的力量凝聚、激励学生，以独特的氛围影响、规范学生。具有战略性的学校发展规划应当把建设一种具有学校特色的校园文化作为其重要内容。

第四，缺席共同愿景。具体来说，是指缺乏经过全体教职工积极参与讨论而确立的发展目标。共同愿景是学校发展希望达到的图景，是一种意愿的表达。它可以团结人、激励人，把学校全体成员凝聚成一个共同体——说明一所学校存在的目的和理由，能准确地反映学校的核心价值。共同愿景包括组织存在的价值、使命和目标，组织未来发展设想以及达到目标的手段。学校发展规划要回答的问题正是建立共同愿景需要面对的三个关键问题，即"追寻什么""为何追寻""如何追寻"。

除了庄惠芬校长所说的这些问题，我们以为还有一个普遍性的问题，那就是后任校长们往往会抛开前任校长领导下制定的相关规划另起炉灶。这在今天似乎已经成了一个解不开的"死结"。如何解开，恐怕需要的不是时日，而是校长们的境界。

从某种程度上说，规划就如一部交响曲。一部交响曲必须有严谨的结构和丰富的表现手段。所谓严谨的结构，是指它是有主旋律贯穿始终的，主旋律是指一部音乐作品或乐章的旋律主题，或者是在一部音乐作品或一个乐章行进过程中再现或变奏的主要乐句。在实际的演奏过程中虽然是围绕着主旋律进行的，但实际进程中是有激烈与舒缓、豪放与婉约的，甚至也有短暂的休止与停顿，停顿跟休止的目的是什么？是为了迎接下一段高潮，或者说是为了迎来下一段精彩。交响乐团的演奏不是随随便便的，而是有目标与愿景的，但是，如果只是首曲子，没人去演奏，也就无法理解其优劣与好歹。《生命交响曲》如果没有人演奏，也就失去了生命，规划也是如此。

学校作为一个团队，就像一个交响乐团，学校规划就如作曲家的构思，校长就如乐团的团长兼指挥，一个交响乐团由弦乐器组、木管乐器组、铜管乐器组、打击乐器组等部门组成，每个部门又有不同的乐器，以弦乐器组为例，就有小提琴、中提琴、大提琴、低音提琴等，而打击乐器组则有定音鼓、小军鼓、大军鼓、木琴、三角铁等，每场演出会根据作曲家的构思来使用不同的打击乐器。演奏时，每位演奏者的目的相同，那就是在指挥的带领下准确地表达作品的思想和情感，在技术上更严谨地完成好每一部作品。换句话说，没有乐曲，再强大、再优秀的交响乐团与演奏者也无法施展才华。一场好的交响曲演奏固然离不开好的指挥与演奏人员，但没有美好的曲谱也是枉然。

规划是一种思维方式

丘吉尔曾说:“制订的计划无用，但规划这一行为是无价的。”“无价的”说的是写在纸上的规划可以督促人们兑现承诺，可以提醒人们预估行进中可能遇到的困难与障碍，以及预设与评判逾越这些困难与障碍的方案。将规划想清楚、弄明白写出来，可以把模糊的想法、愿景转化为清晰的文字和语言。这过程折射的就是思维方式，就是人们常说的思路决定出路，思想方法简单点说就是我们观察事物、发现问题、分析问题、解决问题的思路。规划的背后是规划制定者观察事物、发现问题、分析问题、解决问题的思维方式。

人们的思维方法不外乎单向性与发散性两种模型，或者说是直线型与辐射型的。

一般人的思维习惯是单向性的。单向思维往往是按照自己的需求来思考问题，看到的通常只是很小很小的一段，这样的思维习惯看起来是更有效率地解决问题的办法，其特点是认准目标，或者说是认死理，尽管一门心思认准目标不放松，却往往就事论事，不会将具体的问题放在系统的框架中去分析和思考，往往视具体的问题为一个封闭的系统，比如面对学校的一个具体事务，很少会自觉地去考虑导致事务发展走向牵涉的远不只是一件事、一个人、一个部门的因素，更不会去考虑该系统外的环境对该系统的作用。解决问题的方式也是简单粗放的，更多的情况是走一步算一步，我们日常所见的规划不系统、不完备有可能就是这样的思维方式导致的。

美国著名的创造心理学家吉尔福特认为，发散性思维是指从已知信息中产生大量的变化的、独特的新信息的思维方式。其特点是，思维无一定指向，在头脑里呈散发状态。发散性思维是一种多方面、多角度、多层次的思维方法，具有大胆独创、不受现有知识和传统观念局限和束缚的特性。这种思维的过程是：解决某一问题如有很多答案，即以这个问题为中心，思维的方向像辐射一样向外发散，找出的答案越多越好，然后从诸多的答案中，寻找出最佳的一种，以便最有效地解决问题。我们在制定规划的时候需要的就是从多方面、多角度、多层次去权衡学校发展的各种因素以明确目标，思考愿景，规划蓝图。有人说，发散性思维是一个引导注意力的工具，在认识和把握一个问题时，不只是考虑其中某几个要素，不只是考虑单方面的后果，不是只看到成功与否的个别条件，也不是在单一层面上的匆匆扫描，对某一途径作指向性思考，而是要考虑“所有因素”，即尽可能周全地、具体地从各个方面考察和思考一个问题，这在制订总体方案时特别有用。

思维方式不同，决定了对规划的理解与制定的不同，实施的结果也就不同。所以，以怎样的思维方式思考和制定规划也就决定了规划的质量。规划制定的理想状态是由静态的思想方法转向动态过程的思想方法；由刚性规划的思想方法转向弹性规划的思想方法；由指令性的思想方法转向引导性的思想方法。

规划是一种管理策略

从管理学的角度来看规划是管理的基本策略，也是作为管理者必须具备的基本能力之一。有学者认为从管理学角度来看，计划是管理的主要职能之一。简单地说，规划即管理，或者说规划是学会管理的第一步。但是就“规划”这一管理行为来说，规划即计划，学校发展规划是计划的一种，但发展规划又不全等同于计划。郭良君认为:“学校发展规划规定了计划的目标和任务，具有战略性、长期性以及指导性，而计划是执行规划的具体内容。在学校发展规划的文本呈现方式中，文本内容不宜过于具体，应指出重点但并不必把行动者限定在具体的目标上或特定的行动方案上。而计划则要回答谁来完成、在什么时间完成等具体问题。从整体上讲，计划应当列入规划体系中，因为规划的最终执行还是依靠计划来实施。”可以说相对于规划而言，计划则是对规划的目标与任务的分解，或者说是规划中目标与任务分步实施的一个个具体方案。

我们认为，规划是制定目标、设置愿景、描绘蓝图并寻找达成目标、接近愿景、将蓝图变成现实的路径与方法的过程。这路径与方法就是管理策略，包括规划制定与实施的策略。从功能上讲，规划可以为行动指明方向，规划可以有效地控制行动不偏离目标，好的规划对组织绩效具有正向的影响，好的规划还可以防止各种资源的浪费，制定规划的过程还是对管理团队心智的一种演练。

前面说了思维方式决定规划的质量，同样思维方式也会决定管理策略。规划的制定固然要做到尽可能地详尽，但是过于详尽有可能掉入“精致化管理”的陷阱。发散思维具有流畅性、变通性和独特性的特点。流畅性是指在发散思维的过程中思维反应的灵敏、迅速、畅通无阻，能够在较短的时间内找到较多的解决问题的方案。变通性是指在发散思维的过程中能够随机应变，不受现有知识和常规定势的束缚，敢于提出新奇的构想。独特性是指发散思维的种类要新颖独特，能够从前所未有的新角度、新观念去认识事物，思维的结果具有新异、独到的特点。

规划力，应该是校长的基本能力之一。关于规划力，就我们所知，大概日本学者斋藤孝的《规划力：如何清晰预见成功轨迹》一书说得比较透彻。他认为："规划力是一个创新的名词，但是很早以前，在日本的匠人世界里就有'八分规划'这样的说法，可见规划这个词存在已久。'八分规划'的意思就是说任何事物有八成都是因规划而决定的，这在普通人之间也被普遍地使用。总而言之，规划是非常重要的，日本人在以前就已经对这种观念有了共识。""要使能量变成实际的形态，最大的重点就是规划力，如果步骤规划得不好，好不容易释放出来的能量就会泄漏殆尽，就像水不断从竹篓流出一般，你会被一股徒劳感笼罩。对于工作流程，工头也就是领导者必须好好思考如何规划，反过来说，拥有规划力的人才能够成为领导者。""规划力并不是只为了自己一个人的利益，而是可以给身边的人带来好处的非常美好的力量。只要有一个拥有这样能力的人存在，他身边的人也都能很顺利地释放出能量，因而可以度过非常愉快的时光，这就是规划力的作用。""当每个人都能非常顺利地工作时，大家的心情自然会变得很好，觉得非常爽快，不论工作是不是忙碌，都会有似乎是在做非常快乐的运动的感觉，这必须靠着工头非常卓越的规划力才能做到。如果工头的规划力不好，就无法看透前景，也就无法顺利地让能量注入工作中。""如果认识到自己的工作核心在于规划力，也就能够看出工作的本质。""只要认识到'自己是靠规划力吃饭的'，那么对于规划组织的方法也一定多少会有一些意识的。"当理解了斋藤孝这番言论，我们或许就会理解校长为什么必须具备规划力，必须自己主持编制规划，而不是由办公室或者某几位甚至某一位写手来操刀的道理。毕竟从某种意义上来说，我们都是靠规划力吃饭的，作为一校之长，用斋藤孝的话来说，某种意义上就是学校的"工头"，"如果工头的规划力不好，就无法看透前景"，何谈带领师生员工推动学校的发展？

规划是一个学习过程

对学校校长而言，规划是校长领导学校的第一步，换个角度说，规划就是管理的第一步，更是校长必备的专业素养之一。2013 年、2015 年教育部先后制定印发了《义务教育学校校长专业标准》《普通高中校长专业标准》《中等职业学校校长专业标准》《幼儿园园长专业标准》。这几个标准明确提出了“规划学校发展、营造育人文化、领导课程教学、引领教师成长、优化内部管理、调适外部环境”等校长的六项专业职责，这当中首要的就是“规划学校发展”，“校长标准”明确指出“校长作为学校改革发展的带头人，担负着引领学校和师生发展的重任；树立正确的学校发展观，将发展作为学校工作的第一要务，秉承先进教育理念和管理理念，建立健全现代学校制度，完善学校管理机制，依法治校，实施科学管理、民主管理，推动学校可持续、有特色地发展”，并针对不同学段学校如何规划学校发展提出了十点相应的要求。

规划如何制定？如何在规划中体现“校长作为学校改革发展的带头人”应该具备的关于学校发展规划制定的专业素养？我们认为最重要的途径就是在制定规划的过程中理解“何为规划”与“规划何为”的问题。规划要比较好地体现校长的专业素养，不仅要求校长们认真研究相关的文件精神，关注当下的教育改革动态，乃至教育未来发展的趋势，还要求校长们读一点教育理论著作与管理学著作，甚至还要读一点政治学、社会学、社会心理学、经济学、哲学、人类学等专业理论知识，没有一定的相关专业理论知识，弄出来的规划的内涵是会有问题的。所以，我们认为，制定规划的过程对学校管理团队尤其是对校长而言，是一个学习的过程。

规划是一条行动路径

前面讲了制定规划的过程就是学习与理解“何为规划”与“规划何为”的过程，因此制定规划就是理解“何为规划”与“规划何为”的行动路径。郭良君先生认为：“从管理学角度来看，它是一个计划编制过程，从确定目标开始，到拟定、选择可行性行动计划结束。一个完整的规划可以包括文本的制定、规划的执行、规划评价、规划改进、规划终结，而每一个阶段都有不同的管理任务和管理技术，整个过程又是一个不断向上的回路。”根据学者吴宗立先生在《学校行政研究》一书中的观点，这条行动路径大致是这样的：设定目标→分析评估→形成策略→决策行动→目标管理。

下面是我们对这一路径的理解。

一、设定目标

这里所说的“设定目标”是制定规划的目标，而不是规划本身的目标。要制定一个学校发展规划，首先要考虑的是制定规划的目标，是三年发展规划，还是五年、十年的发展规划，是指向学校全面发展的，还是指向学校的某一项工作的。如果没有想清楚，那就无从下手。

江苏省常州市武进区星河实验小学庄惠芬校长说：“学校发展规划是学校一切工作的总纲领，所谓纲举目张，以发展规划为引领，学校可持续发展成为可能。也就是说，学校发展规划是促进学校自身发展、提升办学水平的必要前提，对学校发展、对校长和教师发展、对学校教育系统变革的内在价值。发展规划不应该是外力驱动的产物，而更应该是学校‘自己’的需要和‘自己’的改革实践本身。”

要不要制定规划似乎不是问题，需要制定怎样的规划往往是个问题，相当具体的问题，解决这个问题的关键在于我们制定的规划的目标如何确定，在我们看来，无论制定什么样的规划，其宗旨只有一个，那就是学校的发展，这也是我们编写这本书的目的所在。

规划能不能成为现实，关键在目标的设定，斋藤孝先生强调："所谓的规划力，就是对堵塞的地方进行能量的分配，将最大的能量值投入最重要的地方。如果以必须决一胜负的事情来说的话，就是针对对方最弱的地方投入自己最大的能量，把对方的弱点锁定为焦点而投入最大的能量就可以胜过拥有较高技术的对方了。"从这个角度来看，目标的设定至少有这样一些规则：

1. 要选择正确的目标。任何一所学校首先要搞清楚的是，到底想将这所学校办成一所怎样的学校，其关键点，或者说落脚点要放在那些最有可能提升学校办学品位，提升师生幸福感及有助于推动学校发展的事务上。

2. 聚焦终极目标。所谓终极目标其实就是上面所说的将学校办成怎样的学校，或者可以理解为学校的目标如何服务于教育目标。任何一所学校的发展目标都要将注意力集中在学校的终极目标上，并为目标的达成设定明确的阶段性指标，以及完成这些指标的期限。

3. 要尽最大可能将目标分解成可控的具体的步骤。如果我们找到了实现总目标的各个具体步骤，终极目标才有实现的可能。换句话说，总目标既要高远，又要务实。

二、分析评估

目标确定了，就要做相应的分析评估。台湾新北市立瑞芳中学校长王绿琳博士认为，规划的制定，"学校内教师与行政，或学校外家长与小区，皆须理性、感性地深思此次新课纲的重大意义与相关影响变因，俾利政策的推动与课程的规划及实施"。

行政层面要"设身去思考要如何提供优质的新教育环境，无论在云端软硬件、实物软硬件、学习空间的改善、教育资源的持续注入、人才的均质优化、财务充裕的永续、校园文化的传承与创新，等等”。

王绿琳博士的建议是：

教师层面要“设身去思考教师们会需要什么资源，会担忧哪些事务，要如何支持困境的排除，如何给予最佳的激励……”；

学生层面要“设身去思考学生们想要何种优质学校教育，如何兼顾国家培育人才的大愿景，如何引导学生愿意主动学习，如何创意地照顾每位学子，如何让学生学习成效更精进……”；

小区层面要“设身去思考小区家长们如何了解学校发展规划的未来性，如何支持发展学校发展规划的美意与理想，如何建立小区及家长的学校发展支持系统……”。

没有这些方面的考量与分析，制定出来的规划就可能会出现这样那样的偏颇。

三、形成策略

接下来需要做的就是形成规划制定的策略了。规划制定要恪守的是“需要”与“优先”原则。

规划的制定要从需要出发，这与前面所谈到的制定规划的目标相一致，我们目前究竟是要一个怎样的规划，这个规划是不是必要的、不可或缺的……譬如，要不要制定一个学校课程建设方面的专门规划，就要结合教育改革的动态与学校在课程建设与实施方面的实然状态来研判。

做任何事情都有个序列与先后的问题，一般而言，先处理的事项关系到后续事项的进展，规划的制定也是如此。前面说过发散思维在制订总体方案时特别有用。2009 年江苏省南通市通州区二甲中学之所以专门制订了一个《“行为文化建设”特色学校创建实施方案》就是基于优先选择原则的。

优先选择，简单一点说就是要考虑几种方案，并通过协商或者头脑风暴的方式在这几种方案中选优。

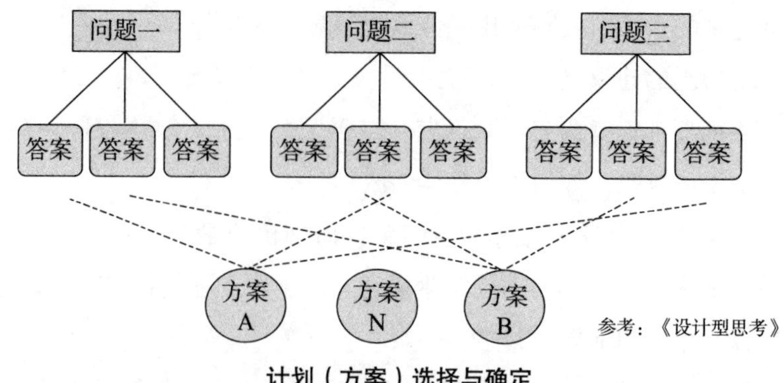

计划（方案）选择与确定

一般来说，同样的项目，可以采用不同的方法来实现，甚至一个大项目的若干个子系统的实现方法也不一样。如何进行系统分解，如何定义各子系统的功能、性能，实现方案不唯一。可以反复比较各个方案的优劣，选择可行的方案。

四、决策行动

方案一旦形成，就是行动的开始。江苏省江宁高新区中学是一所新建学校，他们在制定《江宁高新区中学三年发展规划》时做的第一件事就是成立江宁高新区中学三年发展规划领导小组，以校长为组长，副校长为副组长，各部门负责人为组员。领导小组每学期根据规划分解目标，统一领导；副校长负责实施；教务处、德育处、教科室、总务处、工会等处室部门具体落实；校长办公室负责联络；实现全员参与。

须知学校发展规划是学校的事情，既然是学校的事情，就不是个别人的事，或者说它就不单单是校长一个人的事。理想的状态是要发动全体教职员工参与到其中来，甚至还要发动学生参与到其中，至少在“需要”与“优先”两个方面，以及即将制定的规划是否符合本校发展或者运作的逻辑等方面要听听他们的意见。

五、目标管理

目标管理是德鲁克所发明的最重要、最有影响的概念，已成为当代管理学的重要组成部分。

其观点是，企业的任务必须转化为目标，企业管理人员必须通过这些目标对下级进行领导并以此来保证企业总目标的实现；目标管理是一种程序，使一个组织中的上下各级管理人员会同起来制定共同的目标，确定彼此的成果责任，并以此项责任来作为指导业务和衡量各自贡献的准则；每家企业管理人员或工人的分目标就是企业总目标对他的要求，同时也是这家企业管理人员或工人对企业总目标的贡献；管理人员和工人靠目标来管理，以所要达到的目标为依据，进行自我管理、自我控制，而不是由他的上级来指挥和控制；企业管理人员对下级进行考核和奖惩也是依据这些分目标。

目标管理，用到规划的编制上来，就是在制定规划时必须明确具体的目标责任与时间节点以确保规划制定的质量以及有序推进。关于这点，我们在《规划是一条行动路径》中已经谈到。

为确保规划制定行动路径的不偏不颇，吴宗立先生在《学校行政研究》中还建议建立一个评鉴回馈系统，具体如下图所示：

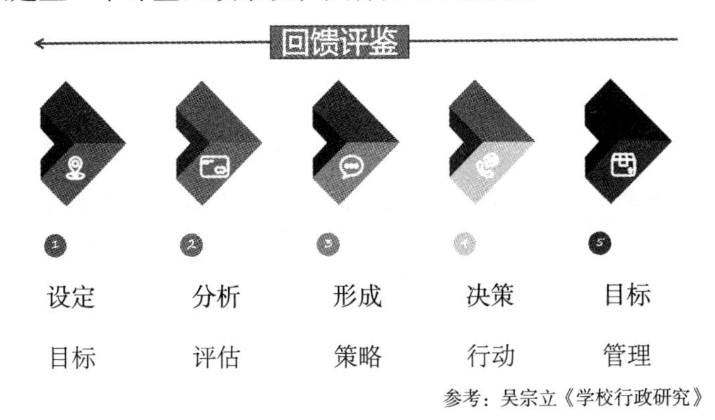

计划作业的过程

江苏省海州高级中学周艳校长认为："规划，作为对未来一个阶段全面长远的发展计划，是对未来整体性、长期性、基本性问题的思考和考量。但是，学校发展规划不是学校推进发展的具体方案。在学校发展规划实施过程中，需要根据规划实施的进度、教育的大环境、规划的实践检验等因素对规划进行选择与思考、探索与反思、调整与改进，从而客观、科学、高效地提升学校的办学品质。”

我们认为，规划决不单单是个文本。规划是预为筹谋、协调统合的历程，是决定方案、追踪管制的策略。再好的规划，也是有缺憾的，不是说“计划赶不上变化”嘛。作为管理策略的规划，在充分论证与评估的基础上必须认识到学校发展是会受到外界的各种因素的制约的，因而学校发展规划在实施的过程中是要有所调整的，有的时候，甚至总目标也会有一些微调。认准目标，按“既定路径”前行是单向性思维的特征，也是它的弊端。无论是规划的制定还是实施，如果不警惕单向思维的影响的话，是会制约学校朝更为理想的状态发展的。

链接

常州市武进区星河实验小学庄惠芬校长对规划的理解：

规划是学校一切工作的总纲领，所谓纲举目张，只有以发展规划为引领，学校才能可持续发展。也就是说，学校发展规划是促进学校自身发展、提升办学水平的必要前提。

1. 对学校自我发展的反思更新。学校发展规划是“自己”的规划。任何人不能替代校长来做规划，而这一规划也只能是建立在自己学校发展基础上的，只能主要依靠学校校长和教师的自我努力。学校发展规划是“发展”性的规划。规划本是指向未来的，是为学校发展寻求新空间的，因此，它必须是一种发展性的谋划，指向新的目标。因此，无论重点学校抑或薄弱学校，学校发展规划本身关注的是在原有基础上的进一步发展，其目标和精神取向必须是发展性的。学校发展规划与其说是一个文本，不如说是一种学校管理的思想。规划的思想是学校变革中重要的条件，也是学校变革主体自我发展的重要内因。当我们的校长和教师们形成规划意识之后，他们就会逐渐成为一种自我更新性的主体，就会不断反思与重建，不断丰富与发展自己。

2. 办学思想和目标的主动构建。学校变革需要明晰、合理的办学思想和发展目标，而在学校发展规划这一环节，恰恰是需要校长以合理的教育观念指导自己的学校发展，形成自己真正理解和相信的教育理念，确定一个具有可实现性的发展目标；而且，这一目标应该是学校办学理念的具体化，是一个综合的整体。在我们参与的改革实践中，我们真切地感受到：制定学校发展规划的过程，正是一个学习、思考的过程，是形成“自己”办学理念和办学目标的过程。在当前，各种教育观念很多，相互间有一些基本差异，而且更为重要的是，需要鉴别各种观念与自己学校发展需要之间的关系，完全没有必要将自己学校的发展规划变为各种流行的教育口号的大杂烩。

3. 学校变革的时空与实践的具体策划。学校发展规划可以成为促进学校整体发展的直接手段。在我们的实验学校中，有的学校将学校发展规划的制定与各部门、各年级组、各位教师的发展规划的制定结合起来。这一行为本身就唤醒了教师和各部门管理者的发展意识，使教师发展、学校变革成为每一个学校主体自身的需要，使每一位教师和管理者意识到学校发展与自身发展的关系，并以自己的个体规划丰富、支持学校的整体发展规划，从而使得学校发展获得内动力的支持。学校发展规划需要对学校的日常生活和改革的方方面面做出策划，这需要校长以整体的思维方式认识学校发展问题。体现在纵向的时间维度上，则不仅需要三年或五年的长远规划，而且要有每一学年和学期的发展规划，有每一阶段的改革重点和考核指标。如此，学校发展规划就成为对学校未来改革实践的综合、整体策划，就可以成为一幅学校变革的清晰蓝图。

4. 对学校的整体变革提供专业保障。整体的、宏观的学校教育系统变革需要对学校发展进行规划。每一个独立单元的学校变革并非仅仅对学校和学校中的人的发展有意义，同样会对学校教育系统的变革产生重要影响。我们可以看到，整体学校系统活力的获得，恰恰在于系统内部各子系统活力的焕发。复杂科学告诉我们：复杂系统的演化，就是由一个个平行发生作用的“作用者”相互竞争而缔造，“这些复杂的、具有自组织性的系统是可以自我调整的。……它们积极试图将所发生的一切都转化为对自己有利的”。因此，每一所学校的自主、积极、创造性的发展，恰恰在为学校教育系统的更新提供着资源、能量和可能的道路，恰恰在以独特的方式支持着学校教育系统的变革，而不是与学校教育系统的整体变革相矛盾。

02

学校发展规划的特征

规划作为学习的过程，有一个必须搞明白的问题是，无论是规划的制定过程，还是具体的文本，相较于学校其他管理行为与文本究竟有什么区别，其特点有哪些。规划作为预判“做什么”和“怎么做”的行动决策与过程，决定了其必须具备针对性、可行性、持续性、动态性与前瞻性的特征。在规划的编制过程中如何紧扣这些特征思考与组织文字、形成文本是编制规划时必须认真关注的基本问题。本章试图就这个基本问题展开一些讨论。

规划的针对性特征

规划作为预判“做什么”和“怎么做”的行动决策与过程，决定了它必须具备针对性特点。我们做任何事情都要防止为做而做，规划也是如此。今天的学校管理者的普遍问题在于很少主动地去研判学校自身遇到的问题在哪里，学校的发展亟须要解决的问题在哪里，要解决这些问题需要做些什么。我们已经习惯了上级让我们做什么就做什么，上级要什么就给什么。这导致了许多表面上在推进而实际上无进展，表面上很热闹而实际上很平淡，零零散散的事情做了不少，资料经验一大堆，实际上是空空如也的状况。学校的实际运作往往是没有目标与方向的。

所谓针对性，说的是规划要从学校的历史与现状出发，从学生与教师的需求出发，从学校发展的需要出发。

无论一所学校实际情况如何，办学的基本目标都是促进学生的发展，今天我们衡量学生的发展的依据或者标准是“必备品格＋关键能力”。必备品格是基础教育的基本属性，是指帮助学生形成正确的人生观、价值观，未来成长为具有社会适应力和道德责任感的国民……，包括文化基础、自主发展、社会参与三个方面。关键能力则有鲜明的时代属性，在今天对关键能力的要求见中共中央办公厅、国务院办公厅颁发的《关于深化教育体制机制改革的意见》。该意见指出：“在培养学生基础知识和基本技能的过程中，强化学生关键能力培养。培养认知能力，引导学生具备独立思考、逻辑推理、信息加工、学会学习、语言表达和文字写作的素养，养成终身学习的意识和能力。培养合作能力，引导学生学会自我管理，学会与他人合作，学会过集体生活，学会处理好个人与社会的关系，遵守、履行道德准则和行为规范。培养创新能力，激发学生好奇心、想象力和创新思维，养成创新人格，鼓励学生勇于探索、大胆尝试、创新创造。培养职业能力，引导学生适应社会需求，树立爱岗敬业、精益求精的职业精神，践行知行合一，积极动手实践和解决实际问题。要建立促进学生身心健康、全面发展的长效机制。”学生的发展离不开教师的发展，或者说没有教师的发展就不可能保证学生的健康发展。如何衡量一所学校的教师发展水平？首要的自然是要看教师的专业素养如何。一般而言，专业素养由专业知识、专业能力和专业情感构成。教师专业知识包括本体性知识、条件性知识和实践性知识。本体性知识是指教师所具有的特定的学科知识，如语文学科的“语修逻文”等方面的知识所提供的语文学科特质的关于认知世界的视角、场域、层次及思维的工具与方法；教师的条件性知识是指教师应该具备的关于在什么时候，以及在什么条件下必须自觉地运用的相应的知识，主要是教育学、心理学的知识；实践性知识是教师在实现有目的的教学行为中所具有的课堂情境知识，以及相关的学科教学法知识。

专业能力主要包含教学认知能力、教学操作能力、教学监控能力和教育科研能力。教师专业情感则由专业理想、人格特征、专业自我三个要素构成。教育部 2012 年颁发《中小学教师专业标准（试行）》对教师的专业素养则从“基本理念”与“基本内容”两个维度对教师提出了相应的要求，其基本理念包含师德为先、学生为本、能力为重、终身学习四个方面；其基本内容包括职业理解与认识、对学生的态度与行为、教育教学的态度与行为、个人修养与行为、教育知识、学科知识、学科教学知识、通识性知识、教学设计、教学实施、班级管理与教育活动、教育教学评价、沟通与合作、反思与发展等十四个方面。

从学校发展的视角来看，至少必须考虑如何在规模发展与内涵发展、粗放型发展与精致化发展、同质发展与特色发展、传承发展与改善发展、模仿发展与创新发展等几个方面定位的问题。

针对性强调的是，在指向学校发展这一宗旨的前提下，从学生发展、教师发展的实际需要出发，确定学校发展规划的出发点（起点），精确定位。

规划的可行性特征

任何一个方面的规划都要有具体明确的目标与任务。目标必须是确定的，要具备“不二”的选择，或者说应不存在“二义”性。其任务必须紧扣目标，具体、可操作。好的规划一定是务实的、可行的。好的规划应该是通俗明了的，是学校各部门、各层面及学校全体人员能够理解与接受的，是在实际工作中可以执行的，并且能提醒各部门的行为决策与学校规划的目标要求保持一致。

规划就是决策，如何确保决策的可行性？心理学家加里·克莱恩对组织机构有这样的建议：当一个组织即将作出重大决策但还没有最后下定决心的时候，建议召集一次工作会议，参与者包括所有知晓该决策的人。会议简短的开场白如下：“请诸位想象自己身处一年以后的今天，计划已经如期实施，但事实证明结果是一场灾难。请用五到十分钟的时间写下这场灾难的整个发展过程。”克莱恩将该建议命名为“事先解剖”。

卡尼曼对此有如下评论——“事先解剖”主要有两个好处：首先，当团队成员均认为某个决策似乎已经到了箭在弦上这一阶段，“事先解剖”能够帮助他们克服集体思维的禁锢；其次，这种方法能够释放知识渊博者的想象力，而这正是规划发展到最后阶段所迫切需要的……压制疑虑情绪，只允许决策支持者发声，这样做的结果只能导致整个团体犯过度自信的错误。“事先解剖”最大的好处就是将疑虑合法化。此外，它还鼓励决策支持者主动寻找之前没有纳入考量范围的潜在威胁。

规划的目标明确了，任务清楚了，不等于就可以实现了，还要看规划的可行性。我们认为，可行性大致包括法律政策、学校资源、经济投入、社区环境、人员技术等几个方面的可行度。

一、法律政策的可行性

无论制定哪方面的规划，都要在充分学习和研究相关的法律法规与政策的基础上来考虑。《上海市澄衷高级中学“现代商业素养培育”特色发展规划》的制定就是在认真研究了《国家中长期教育改革和发展规划纲要（2010—2020年）》《上海市中长期教育改革和发展规划纲要》《上海市虹口区中长期教育改革和发展规划纲要（2010—2020）》《上海市深化高等学校考试招生综合改革实施方案》《上海市推进特色普通高中建设实施方案（试行）》等一系列文件要求的基础上提出来的。《回浦中学“四体共建”生涯规划教育项目五年规划》则是根据《教育部关于普通高中学业水平考试的实施意见》和《浙江省教育厅关于加强普通高中学生生涯规划教育的指导意见》的要求制定的。

二、学校资源的可行性

学校的发展，离不开学校自身的资源，每所学校之所以有自己的发展状态，可以说在一定程度上与它自身的资源分不开。因此，在考虑学校规划时，尤其是在考虑彰显学校个性的规划时，必须充分考虑学校特有的资源。这资源包括办学的传统、经验，办学的物质资源、环境资源、人力资源等。不具备相应的资源，愿景再美好也没办法实现。

上海市澄衷高级中学之所以在考虑制订上海市特色普通高中建设方案时选择了《上海市澄衷高级中学“现代商业素养培育”特色发展规划》，是因为该校商科建设的悠久历史，为学校“现代商业素养培育”特色发展的提出和实践提供了可行的基础与借鉴。该校1926年《澄衷学校章程》的“课程”一章里，初中设置了“初级中学普通科学分”和“初级中学商科学分”，高中则并列了“高级中学共同必修科”“高级中学第一系文科必修科”“高级中学第二系理科必修科”“高级中学第三系商科必修课”“高级中学选修科（第一系文科选修科、第二系理科选修科、第三系商科选修科）”。在共同必修科之外，将“文、理、商”并列，作为必修或选修课程。在“商科必修”中开列了“商事要项”“簿记”“经济”等科目。1929年《私立澄衷学校章程》中，在坚持这样分科的基础上，加开了“商业英语”课程。1930年《私立澄衷中学校章程》中，“选修学程”里开设了“商业英文”“簿记”“打字”“珠算”四门学科。

三、经济投入的可行性

经济条件从本质上讲是学校发展的资源，而且是重要的资源。所谓经济基础决定上层建筑，用在这里就是经济基础决定学校发展。我们都清楚公办学校的经济条件是与学校所在区域的财政收入情况以及地方政府对学校投入的相关政策密切相关的。不管是总体规划还是局部规划，离开了相应的经济支撑都是不可能推进的。因此，在制定规划时必须考虑经济的支持因素。所谓“有多少钱，办多少事”不是没有道理的。从教育经济学的立场看，学校发展也有个“成本—收益”的问题。学校发展的项目开发同样必须考虑投入与产出的问题。

四、社区环境的可行性

科尔曼的“社会资本”理论认为，社区环境其实是一种社会资本。子女就读同一所学校的一批学生家长组成了家长教师联合会，这个组织不仅对组织者，而且对学校、学生和其他学生家长都是一种社会资本。为特定目的创建的组织具有公共物品的性质，它不仅使创建者受益，而且使其他人也得到好处。家长教师联合会帮助学校改进教学工作，这使所有学生受益。家长教师联合可以服务于其他目的。

新制度主义者认为，学校处于特定的组织环境当中（学校周围还有许多其他组织），社区的人口统计学、文化特征、法律氛围、管理环境、政治机构以及其他相关的组织等都会影响学校的发展状态。有人说，在中国，学校的发展往往也是依托于地方社区的，“学校与当地社区在区位方面、功能方面和人际关系方面都存在紧密联系。一所学校能招到什么样的学生、能获得什么样的资源、学校以何种方式进行组织、教师采用什么方式进行教学、学校怎么样去维持与家长之间的关系，这都会在某种程度上受到当地政府对教育的决策和重视、当地的教育传统、教育选拔的方式等方面的影响”。

一所学校的发展一定是受特定区域的政治经济环境和文化传统，尤其是区域政府的相关政策制约的，学校规划如果不考虑这些因素，就可能进入一厢情愿的境地。

五、人员技术的可行性

这里所说的“人员技术”，包含人员的观念认知和人员的专业技能。如前文所说，学校的发展是学校的事情，而不单单是管理团队的事情，更不是校长一个人的事情。规划的制定和实施可行与否，关键在人如何，在一个团队的全体人员的观念与认知是否达成一致，或者说是否有共识。因此，无论是规划的制定，还是实施，都必须考虑如何在这个过程中调动学校的全体成员，至少是绝大多数成员的积极性，想方设法让更多的人员参与到其中，而不是就那几个起草规划与督查规划实施的人员参与其中。学校规划的任务大多是有专业要求的，因此必须考虑具体项目一旦实施，相关人员是否具备相应的专业技能，为使相关人员具备相应的专业技能学习，能做什么，必须做什么，都需要有充分的考量。

规划的持续性特征

学校管理者的通病往往在后任不管前任，甚至以推翻前任凸显后任的智慧与能力为己任。因此，不少学校规划往往是只考虑时下，很少考虑未来，随着校长的变更，学校原有的规划就慢慢成了一纸空文。这也是不少学校不能很好地持续发展下去的原因之一。从道理上讲，学校的发展规划必须具备持续性特征，因为学校不是哪个校长的私产，一般情况而言，学校也不可能因为校长变更了就不发展了。因此，一名负责任的校长在主持制定学校发展规划时必须充分考虑规划的持续性。

费尔南多·萨瓦特尔在《教育的价值·教育是普世的》中指出，“教育代代相传，是因为它想要持续存在下去；它想要持续下去，是因为它极为看重某些特定的知识、特定的行为、特定的能力和特定的理念”，这“特定的知识、特定的行为、特定的能力和特定的理念”其实就是我们常常挂在嘴上的教育的基本规律，或者说是教育的常识，教育的人之常情。所以，教育更多的是传承，是要将人类历史进程中一个个个体积累下来的经验与文化传承下来，以便使以后的生活更好一些。就学校而言，只有在传承基础上的发展才可能发展得好一点。

持续性是一个过程与系统，而非某个人所拥有的可训练与控制的特质，任何一名校长的领导力与影响力都是短暂的，只有确立了持续发展的理念，我们才可能在学校发展过程中形成一种力量、一种文化，转而形成一种传统。因此，在制定学校规划时必须考虑以下几点。

一、在历史经验与成果基础上的发展

大多数学校发展规划的制定很少提及自己学校以往的办学经验与成果，

热衷于指向未来，殊不知，没有过去何来现在，又哪来未来。尽管只强调过去与当下，学校很难有所发展，但是过去和当下正是未来发展的基础。教育这一特殊事业，本身对教育对象发生的效用就有滞后性的特点，搞教育的不能太过浅视和急功近利。总结梳理甄别学校办学历史的经验与成果，至少可以避免指向未来的规划出现目标的偏差。传承并不是照搬照抄的低级复制，最终目的就是发展，就是创新。从历史的发展进程来看，任何团体或组织如果只是机械地在一代代的“依样画葫芦”，那它一定会消亡。任何传承百年而被人们津津乐道的学校，必然是不断创新、与时俱进的。学校在传承传统的同时，要想办法将之与时代脉搏紧密相连，在大数据的深度挖掘中，了解其细节和优劣，在此基础上决定取舍；在学科建设中，对传统中潜藏的优质基因充分分类聚焦，形成新颖、独到的发展视角。

学校的健康发展，肯定离不开学校历史经验与传统的支撑。但如何精确地甄别传统与经验，如何选定符合本地域、本学校发展实际的优质基因，如何创造性地提升优质基因的价值，是学校经验与传统对学校有关规划产生影响的三个基本问题。这三个基本问题解决好了，学校发展的目标基本上就可以持续下去了。有一点是肯定的，随着时间的推移和相关因素的变化，在大方向不变的情况下，目标与愿景会有所调整。这当中也不排除校长变更的因素，对此我们必须有良好的心态，换句话说，校长的变更以及变更后的学校运作不是我们可以决定的，但我们在制定规划时则要有持续性的意识。

二、着眼于人力、物力资源的发展

任何一个团队与组织的持续发展都取决于人力与物力资源的发展。不管是哪个层面的规划，都必须在充分考虑资源的配置与利用的基础上考虑如何发展学校的人力与物力资源，以支持学校的持续发展。在制定学校发展规划时，必须考虑如何确保在一定的时间与机会中形成学校特有的人力、物力资源网络，以确保凸显学校个性与特点的资源得以发展。具备规划的持续性的学校管理者会清醒地意识到，现任管理者与继任管理者之间需要有良好的相互继承意识，现任管理者要成为继任管理者的良师益友，我们认为在现实的状态中更有一个后任领导要有拿前任领导当良师益友的良好心态。任何校长和学校管理团队，都要有发展自己、成就他人的意识和能力，不只考虑和应付当前的需求，更应该关心自己及同仁的未来发展。

山东省济南市第二十七中学自上世纪 90 年代中期开始推行“合作学习”，至今校长已经换了三任，但现任校长武树滨先生自 1991 年进入这所学校由教师到教务主任，到副校长、到校长就没有离开过，由“合作学习”的参与者到组织者，确保了二十七中“合作学习”的探索实践不仅从未中断，而且日趋成熟。济南市第二十七中的经验给现任、后任校长们的启示就在于，当接手一所新的学校时，我们必须充分调动学校管理团队成员以及教师团队中的中坚力量，充分调动他们的积极性，以确保学校规划的可持续性，至少会在新规划的制定中不至于完全抛弃原有的目标和已有的成功要素而彻底另起炉灶。

三、依赖于持续发展的组织文化与结构

许多学校规划会成为一纸空文，或无疾而终，原因不外乎校长的变更，这一点恐怕绝大多数校长是心知肚明的。但一名具有专业素养和内心有教育情怀的校长会充分意识到，学校的良性发展在于传承，在于在原有发展基础上的改善。尊重前任乃至前任管理团队留下来的方案是一种明智的选择。历史经验告诉我们，凡能坚持百年不衰的名校的发展路径许多方面都是在传承中稳步发展的，某种程度上说，学校的常规事务基本上是稳定的，只不过其形式与内容随着时代的发展有了相应的改善与优化，而少有颠覆性的革命。如前所述，《上海市澄衷高级中学“现代商业素养培育”特色发展规划》就是学校办学之初的“商科”的传承与持续。江苏省海州高级中学今天“为学生终身发展和幸福奠基”的办学理念，就是与“盛德厚学”的校训一脉相承的。

当然，我们也必须清醒地认识到，将希望寄托在后任的境界上往往是靠不住的，从管理学视角来看，规划的持续性依赖于持续发展的组织文化与结构，任何一所健康发展的学校都会在建立和完善可持续发展的组织结构，形成综合决策与协调管理的学校管理文化上下功夫。校长们必须意识到学校规划从制定到实施，再到评估是个系统工程，在这个系统中有一项重要的工作就是要通过一系列的活动帮助学校全体员工意识到教育本就应该是一项可持续发展的事业，学校教育不仅要让学生们获得可持续发展的科学知识，更要让他们具备可持续发展的道德水平。一所健康的、持续发展的学校有必要建立符合本校历史，着眼于未来的可持续发展的学校管理文化与结构，这样的文化与结构可以在潜移默化中影响后来者，或多或少地影响后任校长在认真研判学校原有目标定位（包括这目标定位下制定的相关规划）后，在前任的基础上以维持稳定发展，或者在前任的基础上做必要的改善与延展。从组织结构看，有研究表明，校长的频繁更替是不利于一所学校健康、稳定发展的。在规模大的学校，要确保一名校长至少在那里干 7 年以上。从这一点看，有些区域明确规定一名校长必须在一所学校任职 10 年，以及任职满 10 年必须轮换是有道理的。从组织文化看，要确保学校规划的持续性，就要确保规划的制定、实施、评估的每个环节的公众参与。持续发展的目标和行动，必须依靠学校全体员工以及所在社区公众和社会团体最大限度地认同、支持和参与。在很大程度上，一个规划的制定与实施，在很大程度上取决于学校全体员工以及所在社区公众和社会团体的参与方式与参与程度，同时也会影响后任校长对既定目标与规划的态度。

规划的动态性特征

系统科学的动态演化原理告诉我们：一切实际系统由于其内外部联系复杂的相互作用，总是处于无序与有序、平衡与非平衡的相互转化的运动变化之中，任何系统都要经历一个系统的发生、系统的维持、系统的消亡的不可逆的演化过程。也就是说，系统存在本质上是一个动态过程，系统结构不过是动态过程的外部表现。而任一系统作为过程又构成更大过程的一个环节、一个阶段。一个规划就是一个系统，因而不可忽视规划的动态性特征。

系统作为一个运动着的有机体，其稳定状态是相对的，运动状态则是绝对的。系统不仅作为一个功能实体而存在，而且作为一种运动而存在。系统内部的联系就是一种运动，系统与环境的相互作用也是一种运动。系统的功能是时间的函数，因为不论是系统要素的状态和功能，还是环境的状态或联系的状态，都是在变化的。运动是系统的生命。

学校作为系统中的子系统，为了适应外部社会及教育系统的需要，必须不断地完善和改变自己的功能，而学校内部各子系统的功能及其相互关系也必须随之相应地发展变化。学校系统就是在这种不断变化的动态过程中生存和发展的，学校的组织架构、组织文化、办学追求、规章制度、管理方法、课程与教学、考核与评价都具有很强的时限性。这些时限性必然会影响规划的制定与实施，从而引发相应的调整与修改。

一、规划的制定是从无序走向有序的过程

有序可分为平衡有序与非平衡有序。平衡有序指有序一旦形成，就不再变化，如晶体。它往往是指微观范围内的有序，如学校的常规管理、日常事务。非平衡有序是指有序结构必须通过与外部环境的物质、能量和信息的交

换才能得以维持，并不断随之转化更新，如学校规划的实施，它往往是呈现在宏观范围内的有序。

1969年，普利高津提出耗散结构论，这一理论从时间不可逆性出发，采用薛定谔最早提出的“负熵流”概念，使得在不违反热力学第二定律的条件下，得出这样的结论：远平衡开放系统可以通过负熵流来减少总熵，自发地达到一种新的、稳定的有序状态，即耗散结构状态。耗散系统形成以远离平衡态的开放系统和系统内非线性机制为条件。非稳定性即涨落，是建立在非平衡态基础上的耗散结构稳定性的杠杆。在平衡态没有涨落的发生；在近平衡态的线性非平衡区，涨落只会使系统状态发生暂时的偏离，而这种偏离将不断衰减直至消失；在远平衡的非线性区，任何一个微小的涨落都会通过相干作用而得到放大，成为宏观的、整体的“巨涨落”，使系统进入不稳定状态，从而又跃迁到新的稳定态。简单地说，耗散结构是指一个远离平衡的开放系统，在不断与外界交换物质和能量的过程中，通过内部非线性动力学机理，自动从无序状态形成并维持的在时间上、空间上或功能上的有序结构状态，或叫非平衡有序结构。

一所学校要不要制定一个总体的发展规划，要不要在总体发展目标下制定相应的局部项目的规划，从校长的职责来看是不需要讨论的，但在实际操作的过程中不能不考虑整个团队的认知，这里就有一个从无序到有序的问题。前面说过，即便是同样的项目，也可以采用不同的方法来实现，甚至一个大项目的若干个子系统的实现方法也不一样。如何进行系统分解，如何定义各子系统的功能、性能，实现方案不拘于一域，可以反复比较各个方案的优劣，选择可行的方案。这个过程就是从无序到有序的过程。[关于这一点可参考“计划（方案）选择与确定”图]

二、一个细小的因素可能会影响规划的实施

美国气象学家洛伦茨在《混沌学传奇》与《分形论——奇异性探索》等书中有一个描述：

1961年冬季的一天，我在皇家麦克比型电脑上进行关于天气预报的计算。为了考察一个很长的序列，我走了一条捷径，没有令电脑从头运行，而是从中途开始。我把上次的输出结果直接打入作为计算的初值，不过由于一时不慎，无意间省略了小数点后六位的零头。然后，我穿过大厅，下楼去喝咖啡。结果，一小时后，待我回来时，电脑上发生了出乎我意料的事。我发现，天气变化同上一次的模式迅速偏离，在短时间内，相似性完全消失了。进一步的计算表明，输入的细微差异可能很快成为输出的巨大差别。这种现象被称为对初始条件的敏感依赖性。在气象预报中，我把这种情况称为“蝴蝶效应”。

简单地说，所谓的“蝴蝶效应”是指简单的热对流现象居然能引起令人无法想象的气象变化。

学校发展虽然有自身的规律可循，但也存在着不可预测的变数。规划考虑得再周全，制定得再好，也存在预料之外的某些偏差。这些偏差可能是细微的，难以避免的，但在实施的过程中却有可能出现“差之毫厘，失之千里”或“一招不慎，满盘皆输”的局面。学校要健康发展没有规划固然不行，死守规划同样是会出问题的。这正是动态性特征对我们的友好提醒。

学校规划实施的过程中一个细小的因素可能会导致规划的调整乃至终止。北京中双教育集团董事长周朝在谈及集团黑龙江省佳木斯富锦双语学校的规划时说，域内生源人数、质量在发生变化，其他学校办学质量和招生策略也在发生变化。例如，上级主管已经对各小学的择校优惠政策和学区的划分进行了调整，这对学校招生的数量和质量都产生了比较大的影响。相对应的，学校就要根据实际情况进行科学研判和动态调整，这就要求我们发展规划领导小组要定期或临时召开会议，研究应对策略，对发展规划进行必要的调整。

三、规划必须随着教育变革而调整

虽然说学校组织的稳步发展在一定程度上取决于总体目标及相关规划的稳定性，但我们也不可忽视，任何事物不变只是暂时的，是在一定阈值以内的，变才是常态。教育形态与教育生态变了，学校的规划不予调整，必然会被时代抛在后面。须知学校发展规划不仅仅是一个文本，更是一种实践活动，既然是实践性的活动，那么在具体的实践过程中自然会是在促进师生发展、学校发展的宗旨下，根据具体的情境做相应的调整。常州市武进区星河实验小学庄惠芬校长认为，“学校发展规划”的魔力，“在于每一所学校的自主、积极、创造性的发展，恰恰在为学校教育系统的更新提供着资源、能量和可能的道路，恰恰在以独特的方式支持着学校教育系统的变革”。

今天的教育已经处于“未来已来”的时代，互联网、人工智能、数字时代势必影响教育的变革，这些变革无疑会影响作为现代学校标志性元素的班级授课、分学科教学、依据教材教学、教师授课等，甚至会引发对原有教育哲学的深层嬗变，转而持续引发教育生态及形态的全面变革。尽管我们都意识到“未来已来”，已经感受到技术推动教育变革的生态正在形成，但究竟会如何变，变到哪一步，目前似乎难以预测，因此，规划在实施的过程中必然要随着教育变革的大局而有所调整。这调整可以小到具体的任务，大到办学的目标定位，乃至发展目标。

规划的前瞻性特征

《为孩子重塑教育》一书的作者指出，许多学校的规划流程都有一个通病，那就是“看着后视镜开车”。管理层会将历史实践作为规划基线，一切都围绕着对现有模式的调整而展开。很少有人会对潜在的假设提出质疑，或对基本的权衡关系发起挑战，更别提对学校的核心设计理念进行彻底重建了。

我们或许知道沃尔玛的创始人山姆·沃尔顿在阿肯色州本顿维尔开了一家连锁性质的零售店，取名沃尔玛。创业之初，市面上已经有很多有名气的连锁超市。20 世纪 80 年代初，当其他零售商还在钻“信息化”这个问题的牛角尖时，沃尔玛便与休斯公司合作，花费 2400 万美元建造了一颗人造卫星，并于 1983 年启用。沃尔玛先后花费 6 亿多美元建起了电脑与卫星系统。借助于这整套的高科技信息网络，沃尔玛的各部门沟通、各业务流程都可迅速而准确畅通地运行。正如沃尔顿所言，“我们从我们的电脑系统中所获得的力量，成为竞争时的一大优势”。在激烈的市场竞争中，沃尔玛崛起的一个重要原因就是它有前瞻性。

规划的性质决定了规划的前瞻性特征。好的规划一定是建立在对历史与现状的全面而又深入的研判的基础上多角度、全方位地预测未来，并为之做好准备的。规划的前瞻性要求我们在制定规划时要把方向确定好，将路径与方法预定好，并通过一定的途径对其进行评估，把可能出现的结果全部呈现出来。

一、办学理念要人文

联合国教科文组织 2015 年出了一个报告——《反思教育：向“全球共

同利益”的理念转变？》，其核心就是回归人文主义，这既是21世纪的教育观，也是全球根本的共同利益。该报告认为：“世界在变化，教育也必须变化。”我们必须在变化的世界中，重新审视，重新定义，重新开始。唯有重新审视方可重新定义教育，明确教育的宗旨，认识教育的目的与价值，回归人文主义，维护个人尊严。所谓重新开始，强调的是教育的改善，即报告者所言的“学会促进学习、理解多样性、做到包容、培养与他人共存的能力以及保护和改善环境的能力”。面对日趋恶化的生态环境、粗放的经济模式、人权的失衡发展，以及网络世界的出现与神经科学的进步带来的诸多压力和重重挑战，联合国教科文组织寄希望于人文主义，使教育得以顺应时代，并发挥积极的辐射作用，推动社会的整体发展。这个报告“旨在呼吁对话，秉承人文主义教育观和发展观，立足于尊重生命和人格尊严、权利平等、社会正义、文化多样性、国际团结以及为可持续的未来分担责任”。亦如联合国教科文组织前总干事伊琳娜·博科娃在序言中所指出的，这一出版物，是秉承《富尔报告》《德洛尔报告》的精神对全球教育的再一次高瞻远瞩的思考：我们在21世纪需要怎样的教育？在当前社会变革的背景下，教育的宗旨是什么？应如何组织学习？

人文主义主张将教育的核心关注回到人之本身以及彼此的联结上。于是，知识论就不再是知识本身了，而是侧重于批判性思维、独立思考、解决问题和开展辩论，这就给“学以致用”在新的时代赋予了学习“如何学习”“如何幸福”的新内涵。

因此，我们的规划在办学理念上，从人文主义的视角出发，必须回到人的立场上来，回到“立德树人”的立场上来。从教育自身发展来看，基于“人本”的教育哲学回归已经成为“未来教育”的主要哲学特征。

二、办学规模要合理

办学规模是学校总体规划中不可或缺的一个重要部分。办学规模就是开办学校所具有的格局、形式和范围。办学的格局决定学校的组织结构和班次结构，办学的形式决定办学的方向和方式，办学的范围大小决定办学的基础力量大小，学生教职工队伍的多少。随着人们对优质教育的需求越来越强烈，在放大优质教育资源的理念驱使下，各种大规模、超大规模学校越来越受到人们的追捧。集中办学、集团化办学也成了许多地方政府最热衷的选择。一方面，地处城镇的优质学校规模越来越大，办学条件越来越先进，生源越来越饱和；另一方面，原本地处乡村的学校规模越来越小，条件越来越差，生源越来越少，办学越来越难。

集中办学，规模办学，究竟是减轻了学生和家长乃至社会的负担，还是增加了负担？集中办学，学校向城镇集中，究竟谁是最大的获益者？优质教育资源究竟是被放大了，还是稀释了？这些我们如果不去思考就不会发现问题。但在制定规划时不去认真研判的话，对未来学校的发展是会产生明显的影响的。在欧美国家，一所中小学学生数量达到800人，就是“大规模”学校。在我国，这样大规模的学校存在的比例是不高的，我们预料在倡导“扩大办学规模，提高办学质量”的今天，比例还会进一步减少。但学校在制定规划时，不能不考虑这样的基本常识：一定的教育资源，只能使一定的人群受惠；如果非要“放大资源”的话，受惠群体的人均得益率必然减小，或许“放大”就是“稀释”。或者说，无视对教育资产、教育品牌等资源的过度放大，在某种程度上就是“稀释”。过大的校园、过多的师生，给管理带来了很多盲点，管理信息在传导的过程中就会衰减和失真。

这些年，一些名校和优质学校的快速膨胀不仅导致了校舍师资的紧缺、学生活动空间的压缩，更严重影响了学生的参与效果、身心健康和用脑卫生，同时还给学校周边的交通、食品等方方面面带来了隐患。前车之鉴，不可不鉴。

三、办学特色要鲜明

各级各类学校在达到国家规定的有关基本目标的基础上要办出各自的特色，这是《中国教育改革和发展纲要》的要求，“校长专业标准”同样有关于特色发展的要求。我们可以这样理解特色发展：特色发展是相对于国家对学校工作的基本的和统一的要求而言的。国家对各级各类学校的工作都制定了有针对性的、基本的和统一的要求，它们是学校在工作上都必须达到的规范性标准。办学特色则体现了学校工作在达到这些规范性标准过程中的独创性。办学特色又是相对于某级某类学校的普遍性而言的。普通中学在办学目标、活动形式、组织形式、教学方法、课程和活动内容、师资和以学生发展为核心的办学成果等各个方面有一定的普遍性。但不同的学校在这些方面各有各的个性，这个性就是办学特色。

我们认为，办学特色是一所学校在长期的办学实践中逐步形成的教育思想、培养目标、教育管理、课程内容、师资建设、教学方法以及学校文化、环境、设施等多方面综合的办学风格和特征，它是学校在实施素质教育中所表现出来的独特的、优化的、稳定的并带有整体性的个性风貌，是一所学校在发展进程中通过辩证批判的取舍，不断优化，一次又一次地精心提炼、精心构建而形成的具有个性特征的品质。

在我们看来，在制定学校规划的过程中，无论是文本还是内容，学校特色的确定需要研究历史、分析现状、面向未来，选择方向。每所学校都有其发展的历史轨迹，以及所处的社区背景，它是在办学历史进程中形成的，是受社区文化影响的，是不可复制的。换句话说，学校特色是一所学校固有的文化的表征，这表征，不仅是建筑、标志的，更是行为方式的。譬如，学校的办学思想、价值规范及文化，办学模式、管理架构及行为方式，课程体系、教学模式及教学方法，学校面积、校容校貌及校舍建设，学生发展、教师发展及管理者发展等层面，究竟哪些可以成为自己学校特色建设的抓手或者突破口。

在学校特色建设方面，我们认为刘良华老师有个建议是值得重视的，不要为了“特色”追求特色，而要追求真理。如果校长对整个教育的走向都没弄明白，就一下子钻到一个胡同里去了，不是好事。第二个建议是先追求真理，再追求特色，校长要在找对方向的基础上，再寻找一个突破口。第三个建议是先有一个特色，然后再发展差异。不要向外界吹嘘你的学校是几十年如一日地坚守一种特色，而应当告诉别人你这特色是怎样一步一步走出来的。

四、课程与教学是重心

《反思教育：向“全球共同利益”的理念转变？》认为，在互联网和人工智能的时代，陈述性知识的重要性会大大下降，但并不代表知识不再重要，相反，如何在获取知识的基础上形成能力、解决问题、构成方法策略、培养价值观念、塑造道德品质显得更重要。因此加强人文教育是防范人的异化和疏离的关键。需要认识到的是，该报告《导言》重新定义了“知识”：“可以将知识广泛地理解为通过学习获得的信息、认识、技能、价值观和态度。”日本学者佐藤学曾这样提醒我们：“必须重新界定‘课程’的概念与功能；重新界定‘教师’的角色与责任。无论日本抑或中国，在以往以中央集权的效率性为特征的制度与政策之下，教师自身以学校与课堂为本位去创造、评价、实践课程的经验是贫乏的。课程被理解为教育行政规定的教育内容的‘公共框架’；或者被理解为教师在学年之初制订的‘教学计划’，缺乏把课程作为师生在学校与课堂里创造的‘学习经验’加以理解的传统。不超越这种现实，要描绘学校的未来形象是不可能的。”他主张必须将“教育工厂”的学校，转变为“学习共同体”，而要使学校真正成为“学习共同体”，就必须将“传递中心课程”转变为“对话中心课程”；课程在某种程度上说属于教学事件，它需要在一个个具体生动的情境中不断被创生出来，在这里，学生的“自我履历”和教师的“经验学问”成为课程的应有之义；教师在教学中对课程的创生意味着教学在本质上不是一个技术化、程序性的训练过程，而是一个依赖教师的“实践智慧”的引导过程，教师作为“反思性实践者”的角色由此确立，教师的使命是帮助学生在课程中获得解放，而不是使学生在“公共框架”中就范；当课程的本质成为“对话”的时候，学校也就成为校长、教师、学生、学生家长、社区代表等在平等对话中结成的“学习共同体”，权威与服从的传统线性关系在学校中被彻底解构。

我们的通病在于谈及课程建设与管理的时候，往往总是在用教材，还是教教材上纠缠；涉及校本课程开发时又总是在要不要编教材，要不要开课的问题上纠缠；谈及课堂时也总是在建模上挖空心思，很少在与学校具体情况相结合的课程资源的开发和利用上做文章。宽泛地说，凡是师生生命成长的需求，都是课程内容。而课堂教学改善则要致力于去模式化、去行政化等，而在致力于“要提高课堂生活的质量”上寻找有效的路径。

五、师生发展是根本

当代社会发展的显著特征是网络世界的出现和神经科学的进步，这两者已经影响到教育的变革，而且必将给教育变革带来更大的影响。所以《反思教育：向“全球共同利益”的理念转变？》建议今天要将教育和知识视为全球共同利益，以便在复杂的世界中协调作为社会集体努力的教育的目的和组织的方式。未来教育必须从“全球共同利益”出发，“我们必须反思师范教育和培训的内容及目标。教师需要接受培训，学会促进学习、理解多样性、做到包容、培养与他人共存的能力以及保护和改善环境的能力。教师必须营造尊重他人和安全的课堂环境，鼓励自尊和自主，并且运用多种多样的教学和辅导策略。教师必须与家长和社区进行有效的沟通。教师应与其他教师开展团队合作，维护学校的整体利益。教师应了解自己的学生及其家庭，并能够根据学生的具体情况施教。教师应能够选择适当的教学内容，并有效地利用这些内容来培养学生的能力。教师应运用技术和其他材料，以此作为促进学习的工具。应鼓励教师继续学习和提高专业能力”。

所谓新的形式，其实就是“以学习环境和新的学习方法为重点，以促进正义、社会公平和全球团结”。“教育必须教导人们学会如何在承受压力的地球上共处；它必须重视文化素养，立足于尊重和尊严平等，有助于将可持续发展的社会、经济和环境方面结为一体。”要实现以上变化和转型，从教师发展的视角看，必须改变现行的教师教育与培训机制、形式、路径，重新审视与设计教师教育的课程体系与内容等，以推动教师教育与培训适应变化着的世界以及教育的格局与形式。将重点放在增强教师的终身学习意识，提升教师的“学力”，为教师适应变化了的格局与不断升级的技术提供有效的支撑上。必须认识到，在新知识、新技术、新格局面前，教师面临着巨大的挑战。尽管数字技术不会取代教师，但互联网技术、人工智能技术的发展和普及，对教师的要求会更高。我们必须认识到“数字技术正在改变人类的活动，从日常生活到国际关系，从工作到休闲，并且正在重新定义私人生活和公共生活的多个方面”。我们必须注意到，一方面，“数字技术为表达自由创造了更多机会，为社会、公民和政治动员提供了更多机会”；另一方面，数字技术“也引发了令人关切的重大问题”。这也正是教育的可为之处——积极思考和探索如何“应对现有数字技术，乃至今后更新技术的伦理和社会问题”，“防止这些技术被过度使用、滥用和误用”。

互联网的发展和数字终端的普及，使得知识获取更加便利；社会教育资源的不断加入，也使学习活动发生的空间和形式不断丰富；国际教育交流更加频繁，教育的相互借鉴和学习的平台也更加广阔。这些都加速了“未来教育”生根发芽。尽管神经科学“这一领域的发展目前可能还不够成熟，无法为制定教育政策提供参考，但在改善教学和学习做法方面却显示出极大的潜力”。但研究表明，我们的大脑具有“可塑性”，“终其一生，大脑都能够根据环境需求进行自我调整”，“神经科学领域新的研究方向将加深我们对于天性和培养之间关系的认识，从而有助于我们调节教育行为”。要积极变革学生的学习方式，探索信息技术环境下教与学的新形态。积极探索以自主学习、个性化学习、合作学习为核心的以人为本的其他更适合的学习方式，尤其是多学科融合的项目式学习、综合性学习和混合式学习。

链接

发展规划犹如一面镜

江苏省常州市武进区星河实验小学　庄惠芬

学校发展规划是学校一切工作的总纲领，所谓纲举目张，以发展规划为引领，学校可持续发展成为可能。也就是说，学校发展规划是促进学校自身发展、提升办学水平的必要前提，对学校发展、对校长和教师发展、对学校教育系统变革都有内在价值。发展规划不应该是外力驱动的产物，而更应该是学校“自己”的需要和“自己”的改革实践本身。

规划犹如望远镜，要有开天辟地的追求。站在百年、十年、五年、三年的不同站点去眺望学校未来的方向、去勾勒学校的发展蓝图，规划犹如望远镜，需要站在儿童的发展立场描绘梦想，凝聚共同愿景，才会去思考发展规划，办怎样的学校？做怎样的教育？追寻什么？为何追寻？如何追寻？厘定教育哲学、编制文化脉络、聚焦重点项目、破解发展难题，让自己的办学有信念、有理想、有价值实现；学校发展规划就成为对学校未来改革实践的综合、整体策划，就可以成为学校变革的一幅清晰的蓝图。

规划需要广角镜，需经天纬地的筹划。站在团队的方向凝聚力量，是学校自主发展的蓝图，是师生、家长共同愿景的表达，是学校发展的行动纲领，是学校自我评价的一把尺子。规划制定后需要专家的论证，站在巨人的肩膀登高望远；更需要中层、教师们的论证理解，对学校自我发展的反思更新，对办学思想和目标的主动构建、达成共识；还需要制定子规划，对需要推进的重点项目，围绕学校规划目标，分解项目，重点工程的合理性，进行学校变革与实践的具体策划，制订可行性的实施方案。学校发展规划的过程，乃是一个研究自己的学校、形成办学指导思想和具体目标、对学校变革的时空与实践进行具体策划、执行中不断调整的过程。

规划自带显微镜，需脚踏实地的行动。通过项目的方式深化发展，需要脚踏实地的践行。动态实践，通过富有实效和可操作性的年度计划的制订促进规划的实现与达成。学校发展规划应包括背景分析、发展思路、主要任务、保障机制、监控与评价。其中，背景分析（含学校概况、内部分析、外部分析）是发展基础；发展思路（含办学理念、培养目标、办学目标、实验项目）是发展灵魂；主要任务（含学校主要发展领域的目标与措施）是发展重点；保障机制是发展条件；监控与评价是发展成效。学校发展计划充分体现着学校在三年期间的发展之“根”，是学校发展之“魂”——办学理念的支撑系统，即学校发展规划不仅仅是最后一个文本，更是一种实践活动；是促进学校发展、促进校长和教师成长、促进学校系统整体变革的重要改革实践。

发展规划的魔力，在于每一所学校的自主、积极、创造性的发展，恰恰在为学校教育系统的更新提供着资源、能量和可能的道路，恰恰在以独特的方式支持着学校教育系统的变革。

03

学校发展规划的编制

学校发展规划，是指通过学校共同体成员的共同努力，系统地分析学校的原有基础及所处的环境，发现学校的优先发展项目，确定学校的发展方向和教育目标，促使学校挖掘自身的潜在资源，按照自己的价值观，提高学校的管理效能，最终提高学校的教育质量。

中国古代成语“有的放矢”形象地说明了规划的特点。“的”是管理目标，“矢”是管理资源，如何“放”是管理策略问题。目标、资源、策略的最佳选择与有机结合是实现“中的”的方法。由此，规划要选择合适的、正确的“的”，选择和利用有效的“矢”，规划要控制“放矢”中的不利因素，等等。具体地说，规划有以下几方面的特点[①]：

1. 在区域上具有校本性。学校发展规划是针对学校这个特殊的场合而展开的活动，因而它必然带有学校特点的烙印。它是立足于学校实际制订的学校发展的行动计划，主要任务是通过规划来提高学校教育的质量。

2. 在主体上具有自主性。学校发展规划的制定，不是上级部门，也绝不是几位校长冥思苦想的结果，更不是请人捉刀代笔的文案，而应是校长、教师、投资方、学校管理者、学生家长、学校管理委员会、地方教育官员等共同参与、自主选择的结果。

3. 在目标上具有针对性。开展规划活动的最终目标是实现学校的科学发展，这就使得规划具有很强的针对性。在规划内容中，发展目标是至高无上

① 陈聪富，等 . 学校发展性督导 [M]. 杭州：浙江大学出版社，2009.

的，它是整个规划的中心内容，但它只能是适合本校实际的，具有排他性。

4. 在资源上具有适应性。规划是一种分配资源的方式，规划就是要找到更好利用有限资源的方式。资源的数量和质量对规划而言十分重要，如何使有限的资源发挥最大效用，规划就是一种最佳的配置方式。

5. 在策略上具有有效性。理性规划理论是西方规划理论中最具影响力的理论，它的核心就是强调用“科学的”和“客观的”方法去认识和规划。规划者应该将各种特殊的要求和策略结合起来，成为一个综合的理性选择，使规划实践更加有效。

6. 在作用上具有过程性。规划是对个人和集体行为的规范和控制，促进学校良性发展的过程。规划不是静态的结果，而是更加关注动态的变化及其实施过程。

7. 在特色上具有独特性。每一所学校都有与众不同的特点，规划应该体现学校的特点。一所学校如果没有特色，就没有个性，最终也就很难有大的发展。可以说，追求学校特色是现代教育改革与发展的必然要求，规划就为特色的发展铺平了道路。

学校发展规划的制定不单单需要一点理论，更是一门技术，有关理论在前面两章我们已经做了一些讨论，这一章主要谈技术问题。总体而言，学校发展规划制定的流程大致如下图所示：

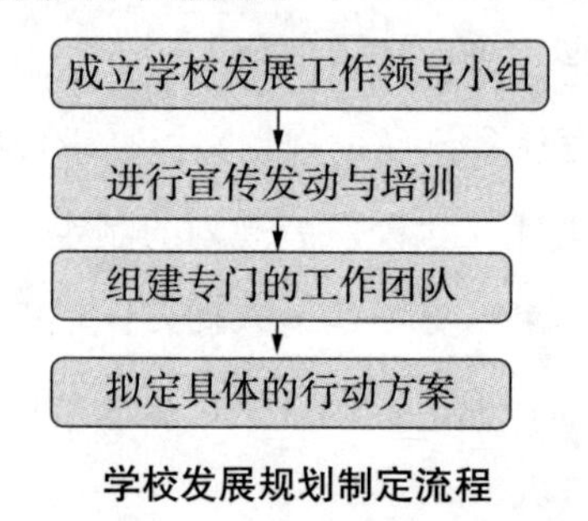

学校发展规划制定流程

为什么必须成立学校发展工作领导小组？前面已经讲了，学校发展规划不单单是学校管理团队的事，更不是校长一个人的事，这是一件事关学校全局的事。既然如此，就得有一个专门的组织或者团队来协调组织。还有一件必须明白的事情就是，发展不只是靠规划，更要靠规划的落实，要使学校能够沿着规划设定的目标和规划明确的任务落到实处，同样要有专门的组织来监督评估。只不过学校发展工作领导小组不是一个全职的部门，而是一个兼职的临时组织。一般而言，学校发展工作领导小组以校长为组长，副校长为副组长，以各部门负责人为组员。若规划涉及学校规模与规划的定位，还可以考虑部分教师及有关社区人员代表参与其中，人员一般可以控制在5～7人。

规划既然是学校的事情，就必须让学校全体人员参与到其中来，参与的前提是知晓，让大家知晓的途径首先是宣传发动，但仅有宣传发动是不够的，还必须有相应的知识的普及与培训。如前两章谈到的“规划是什么”“为什么要制定规划”“我们亟须怎样的规划”“规划的功能是什么”“规划有哪些特征”等，要尽可能让学校全体人员知晓，至少也要做到让更多的人知晓。

规划的制定既然是个技术活，那就要有懂相应的技术的人员来操作。这个团队写手固然必须有，但更需要的是懂得教育、明白管理、具备规划的相应知识，具备前瞻性思维和战略眼光的专业人士。校长当然是不二人选。除此以外，还要兼顾学校主管或分管教育教学、教师发展（培训）、教育科研、后勤服务的相关人选。条件允许的话，还可以外聘擅长学校发展规划的专家参与其中。

学校发展规划的需求调研

我们所见的学校发展规划，一般而言，不外乎受这样两类因素驱使：一类是上级文件的要求（如前所说的校长专业标准的要求）、兄弟学校有因规划得好而发展得好的成功经验（如学校校园的搬迁、改造；某个能彰显学校特色助力学校品牌建设的项目）、形势所迫（其他学校都有）；另一类是学校发展至今的历史经验（如办学历史中的辉煌阶段）、学校当下的发展境遇（生源师资的流失、办学声誉的鹊起或衰減）、学校发展的规律使然（所谓“凡事预则立，不预则废”）。具体见下图所示：

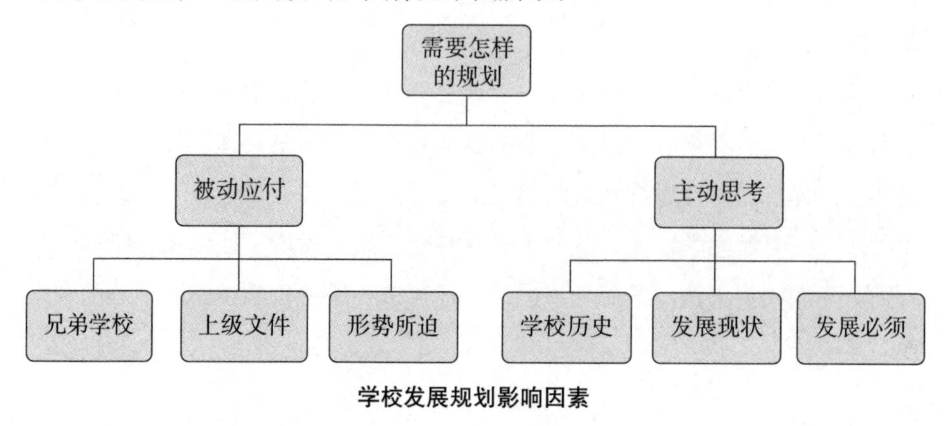

学校发展规划影响因素

但不管是哪一类因素驱使，如果学校需要制定一个规划，首先必须考虑的问题就是，到底需要一个怎样的规划，或者说需要哪个方面的规划，规划需要重点考虑的是什么。这些，不是一个人或者几个人就能决定的，它需要在充分调研和广泛听取各方面意见的基础上来权衡。因此，需求调研应该是学校发展规划制定的基础性工作。如何进行需求调研，一般的做法大概有以下几种：

首先，了解学校全体教职员工及学生的意见，还包括上级有关机构部门和社区组织及家长的意见，可以通过问卷调查、座谈会、个别访谈等形式进行。

其次，把学校工作分解成各个部分，如德育、教学、科研、体育、卫生、工勤；教师发展、学生发展；校园面貌、办学规模等。各项工作交由各部门就各自的问题、目标、举措、建议，通过书面或口头向学校发展领导小组陈述。

在此基础上有必要邀请相关部门及专家对调查所得的需求进行全面而系统地分析，权衡学校未来几年发展亟须解决的问题和关乎学校发展的重点需求（优先发展项目）。学校工作千头万绪，这个问题解决了，那个问题又可能来了。但学校在一段时间内可利用的人、财、物等资源总是有限的，如何利用有限的资源最大限度地推动学校发展，需要认真研判各种可能，在优先选择的理念下，做到“有所为有所不为”（具体操作如下图所示）。

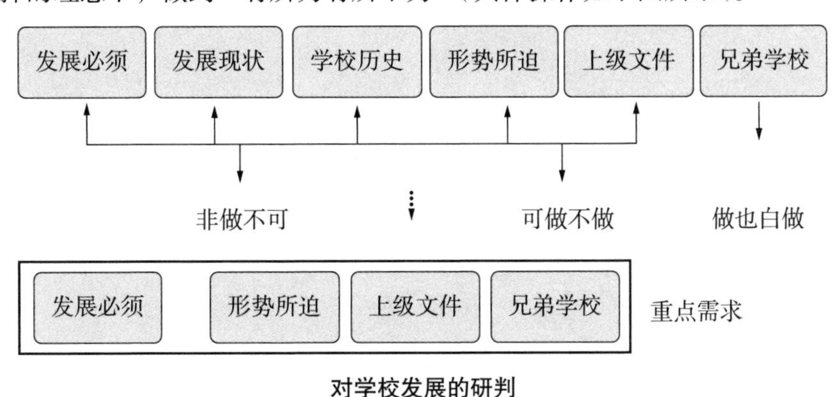

对学校发展的研判

重点需求找到了，要做的就是规划的定位了，是做一个全面发展的规划，在这个规划中突出重点项目，还是做一个专项发展项目，需要变被动为主动，从学校当下的需求与长远发展的必须之间果断取舍（具体操作如下图所示）。

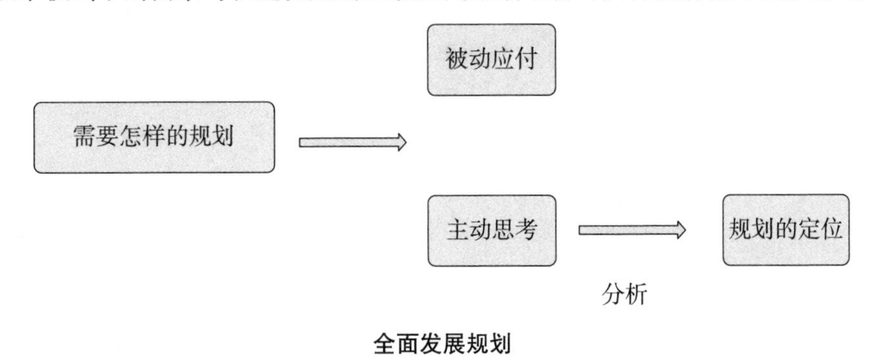

全面发展规划

规划，从一开始就要将学校所有人员动员起来，让他们参与其中，共同决策，学校发展领导小组的重要工作就是与方方面面进行深入而又全面的沟通，在不断地沟通中选择调整，慎重而明智地决策（全员参与，共同决策，具体运作如下图所示）。

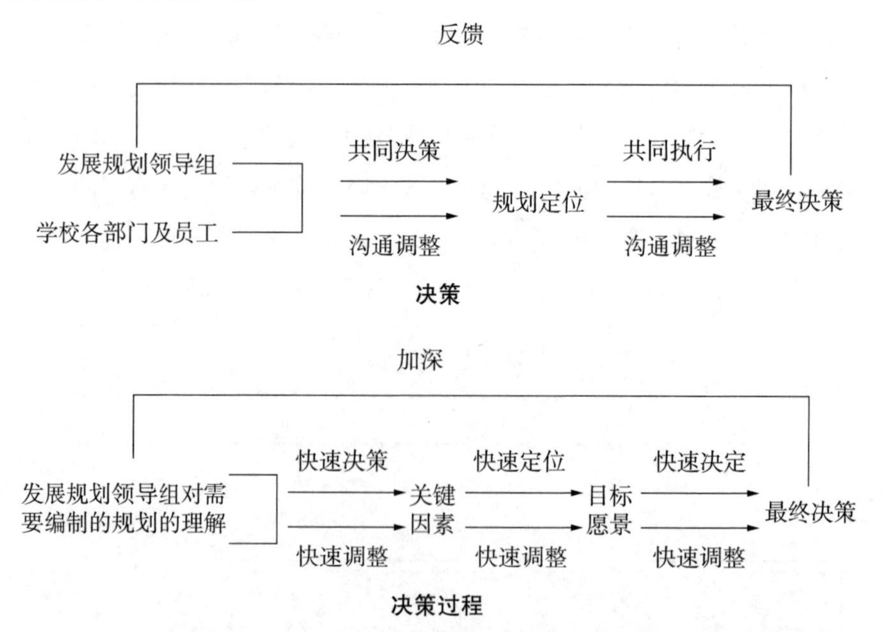

决策

决策过程

有人认为，学校发展规划有三个基本要求：一是要不断分析诊断学校存在的问题；二是要通过广泛的参与，调动教职工的积极性，形成学校的组织凝聚力；三是争取社会各界对学校办学的支持。从这三点来看，就会充分理解为什么花时间和气力充分地去做需求调研了。需要注意的是，即便我们做了比较深入的需求调研，但在做出最终决定之前，也还有一项重要的工作，那就是评估分析。这项工作下一节将做专门的讨论。

学校发展规划项目的评估

在做出学校发展规划项目最终决策之前，需要做的是对初步选定的项目进行分析评估。没有评估分析的决策往往是拍脑袋的决策。下面介绍几种常用的分析方法。

一、分析方法

（一）SWOT 分析

分析评估常用的方法是 SWOT 分析。SWOT 分析中的四个英文字母代表四个英文单词，分别是 S（strengths）代表优势、W（weaknesses）代表劣势、O（opportunities）代表机会、T（threats）代表威胁，它们分别代表一个组织或团队在这四个方面的具体情况，有什么优劣势、有什么机会和威胁。

组织的优势是指能够使学校的构想及实施得以有效推进或实现的资源与技术，如与学校发展相关的师资、生源、校园、校舍、设备等；组织的劣势是不利于学校的构想及实施得以有效推进或实现的资源与技术；组织的危机是指组织外部那些威胁学校发展的困境与挑战，如生源的减少与生源质量的下降，竞争对手的办学状况等；组织的转机是指组织外部可以成为推动学校构想得以实现的资源动力，如政府及群众对教育重视程度的提升。在分析的时候并没有固定的排列顺序，可以根据学校的实际情况，选择最重要的部分先行分析。需要注意的是，优势和劣势要同步分析，机会和威胁也要同步分析，并在分析的基础上做出相应的应对策略。

（二）麦肯锡 7S 模型

麦肯锡 7S 模型（Mckinsey 7S Model），简称 7S 模型，是麦肯锡顾问公司研究中心设计的企业组织七要素，指出了企业在发展过程中必须全面地考虑各方面的情况，包括战略（strategy）、制度（system）、人员（staff）、风格（style）、技能（skills）、共同价值观（shared values）、结构（structure）。

1. 战略——对组织稀缺资源进行配置的规划，以满足组织不同时期的发展需求，实现企业既定的发展目标，涉及环境、竞争和客户等要素。

2. 制度——组织中各项任务的运作流程与操作程序，如财务系统，招聘、晋升和绩效考核系统，信息系统等。

3. 人员——包括组织内员工的数量与构成。

4. 风格——包括组织的文化风格（cultural style），以及管理人员的工作风格等。

5. 技能——员工个人的能力或组织作为整体所反映出来的独特能力。

6. 共同价值观——员工共同享有的行为标准和工作的准则。

7. 结构——组织内部各部门之间的联系形式，如集中化形式、功能化形式、去中心化形式、矩阵和网络化形式等。

这七种要素决定了组织的运行模式。其中，战略、结构和制度构成理性的“硬”框架，而人员、风格、技能和共同价值观形成感性的“软”环境。只有“软”“硬”条件具备，才能够保证组织战略的有效实施。它们之间的关系如下图所示：

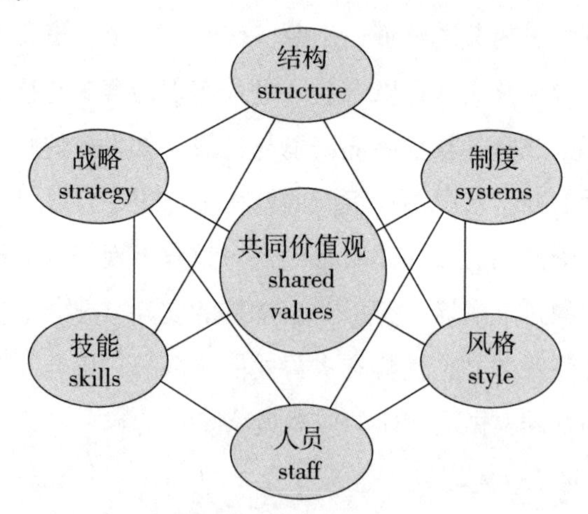

麦肯锡组织运行模式七要素

我们在确定规划定位前，可以借鉴麦肯锡 7S 模型，对学校内部进行一次比较全面的分析。

硬件要素分析：

1. 战略。

战略是学校根据内外环境及可取得资源的情况，为求得学校生存和长期稳定地发展，对学校发展目标、达到目标的途径和手段的总体谋划。它是学校经营思想的集中体现，是一系列战略决策的结果，同时又是制定学校规划的基础。因而，规划的行动策略在规划的制定中是一个难点。

2. 结构。

战略需要健全的学校组织结构来保证实施。组织结构就是学校组织的构成形式，即学校的目标、协同、人员、职位、相互关系、信息等组织要素的有效排列组合方式。要就现有的学校组织结构对学校发展的现状与未来进行客观深入的评判，考虑与规划配套的组织结构。

3. 制度。

学校的发展和战略实施需要完善的制度作为保证，而实际上各项制度又是学校精神和战略思想的具体体现。所以，在战略实施过程中，应制定与战略思想相一致的制度体系。

软件要素分析：

1. 风格。

学校风格是学校在历史发展过程中形成的，具有特定学校内涵并表现为学校性格和其思想特点的一种外在形态，通过学校办学品质或工作作风得以表现和实现。需要明白的是，风格是相对固定的，短时间是难以改变的，那么就有一个规划如何与学校风格匹配的问题。

2. 共同价值观。

共同价值观具有导向、约束、凝聚、激励及辐射作用，可以激发全体员工的热情，齐心协力地为实现学校的战略目标而努力。只有学校的所有员工都领会了学校哲学、办学主张及学校精神并用其指导实际行动，学校才可能沿着健康的方向发展。

3. 人员。

规划的实施需要充分的人力准备，人力准备是战略实施的关键。教职员工的观念，尤其是人际协调能力直接制约着学校的发展状况。

4. 技能。

学校发展规划实施的结果，与教师的专业技能密切相关，教师教育教学技能是否能跟上教育变革的状况直接影响着学校的发展。

（三）PEST 分析

PEST 是从政治（politics）、经济（economic）、社会（society）、技术（technology）四个方面，基于组织战略的眼光来分析组织外部宏观环境的一种方法。学校发展离不开宏观环境，PEST 分析法能从各个方面把握宏观环境的现状及变化的趋势，有利于学校对生存发展的机会加以利用，以早发现避开环境可能给学校发展带来的威胁。

政治环境，是指一个国家及地方政府政治制度、体制、方针政策、法律法规等方面的因素，如与教育及办学有关的各项政策法规制度、教育改革动态等。这些因素常常影响着学校的办学行为，尤其是对学校长期发展策略与行动有着较大影响。经济环境，指学校在制定战略过程中须考虑的国家及地方的经济条件、经济政策、经济发展水平等多种因素，这当中主要是地方的财力、物力等方面的资源，没有相应的财力、物力的支持，学校的规划再好也没有办法实施。社会环境，主要指学校所在区域的人文特征、历史传统、价值观念、宗教信仰、教育水平以及风俗习惯等因素，尤其是所在区域对教育的重视与支持的传统与现实。技术环境，是指未来学校发展所涉及国家和地方的与教育相关的技术水平、技术政策、新产品开发能力以及技术发展的动态等，如对现代信息技术、AI 技术在学校运用的重视程度及政策支持与技术普及的程度等。

规划制定之前，尤其是在确定是制定“战略规划”“策略规划”还是“行动计划”之前，学校发展领导小组及学校发展规划制定团队人员是要与全体教职员工及教育行政部门，乃至相关专业人士一起反反复复斟酌，认认真真分析的。

下面是福建省厦门市海沧区锦里小学的 SWOT 分析：

锦里小学 SWOT 分析

内部分析 外部分析	优势 S 1. 学校占地 36 亩，后续发展空间较大。 2. 学校已逐步形成“爱的启蒙、爱的呵护、爱的成长、爱的奉献、爱的绽放”的“五爱”浓厚特色文化氛围，“爱满校园”已成为学校共识，形成了学校文化的核心。 3. 学校多个学科教育教学成绩突出，多个特色项目优势凸显。 4. 学校长期以来形成了较为稳定的和谐民主、团结向上、积极进取的校风。	劣势 W 1. 学校地处城乡接合部，师资结构性矛盾较为突出，各学科教科研领军人员偏少。 2. 用于培养教师专业发展和学生特长的专用场所比较缺乏。 3. 学校 85%的学生为外来人员子女，家庭教育比较薄弱，难以和学校教育形成有效的教育合力。 4. 随着办学规模的不断扩大和师生的不断增加，校内外交通安全问题日趋严重。
机会 O 1. 海沧区经济和社会事业快速发展，城乡一体化进程不断加快，对教育投入将继续保持高速增长。 2. 学校划入厦门自贸区海沧片区范围之内，发展潜力巨大。 3. 政府已立项兴建学校二期，已从 2016—2017 学年开始每学年扩招 4 个教学班，预计到 2023 年秋季可建成 36 个教学班规模的大型现代化学校。	SO 策略 **发挥优势、利用机会：** 1. 充分利用学校地处厦门自贸区地理区位的优势，充分把握学校二期扩建的机遇，科学谋划，分步实施，勇于创新，积极作为，把学校做强做大，做出特色。 2. 根据《锦里小学章程》，依法办学，依法治校。制定“确立一个中心（教育教学质量）、巩固提升两个特色（体育和科学教育），以点带面，全面提升”的办学战略。 3. 以“办爱心教育，创五精强校”为学校师生共同发展愿景；以“锦绣前程教育为根，里外兼修爱心为本”为学校精神；以“德育奠定立校根基，课程成就师生发展，文化凝聚精神品质”为办学策略；以“爱国守法、爱岗敬业、爱校如家、爱生如子”和“五精神、五意识、五行动”为师德行动指南。	WO 策略 **克服劣势、利用机会：** 1. 伴随着办学规模的不断扩大，用于培养教师专业发展和学生特长的专业场所缺乏等问题可以逐步解决；生源增加，教师必将增加，教师结构性矛盾和学科领军人员少的矛盾定可逐步得到解决。 2. 随着经济的发展和城市化进程的快速发展，生源质量可以逐步改善。 3. 随着办学规模扩大，新教师不断分配到校，可以逐步优化教师年龄结构、学科结构、知识结构，逐步构建老中青有机结合、优势互补的教师生态体系。

续表

威胁 T	ST 策略	WT 策略
1. 周边已有办学成效非常突出的北京师范大学海沧附属学校和正在崛起的华中师范大学海沧附属学校，这两所学校的办学机制体制是我校不可复制的，夹在两所名校之间，学校的发展面临巨大竞争压力和挑战。 2. 学科之间教学质量差异大，多门学科教学质量一般甚至较差。 3. 学校地处城乡接合部，教育资源、教育环境较差。	**利用优势，回避威胁：** 1. 以《锦里小学章程》《义务教育管理标准化体系》《素质教育评估体系》三条主线为抓手，全面加强内部管理，向管理要质量，向管理要效益。 2. 以特色项目为龙头，带动学校全面发展：充分利用我校是全国足球特色校、海沧区排球基地、科技制作基地的“两球两航、无人机、创客”的优势特色项目。制定并实施“保持发展优势，带动全面发展”的“以点带面，点面结合”策略。 3. 以学校制定的切合实际的发展道路、办学愿景、办学策略鼓舞激励全体师生，为实现办学目标不断努力奋斗。	**减少劣势，回避威胁：** 1. 密切配合各有关部门，尽快兴建学校二期，让学校在不断发展过程中做大做强，在发展中逐步减少劣势，回避威胁。 2. 积极争取在师资配备、机制体制上能有与周边学校相同的政策，逐步减少与周边学校在硬件和政策方面的差距。 3. 密切联系当地政府和社区，充分利用社区资源，积极参与社区“锦德书院”的各项活动，积极主动提供课后延时服务，建立健全家长委员会工作机制，积极主动，开放办学，密切家校联系，逐步提升家长素质，逐步帮助家长创设好的家庭教育环境。

二、拟定规划编制的行动方案

充分调研与分析工作做完了，为了确保发展规划研制的质量、进度等的可控性，还要拟定一个关于学校发展规划的行动方案，方案大致包括这样几个方面：规划研制的前期准备、规划的定位（战略规划、策略规划、行动计划）、明确分工、预估完成时间、反馈与评估等。

（一）规划研制的前期准备

规划研制的前期准备主要是前面两节所讨论的调研与分析。简单一点说，就是要以文本的形式呈现调研的内容、对象、形式、时间等，以及通过哪些分析理论或技术对调研所得的信息进行筛选分析，为规划的定位提供依据。

（二）规划的定位（战略规划、策略规划、行动计划）

一言以蔽之，就是要明确本次规划的研制是战略规划、策略规划，还是行动计划。要对之所以这样确定的理由做必要的陈述，可能的话还要对以怎样的形式决策做必要的解释。如何决策可参考下面两张图。

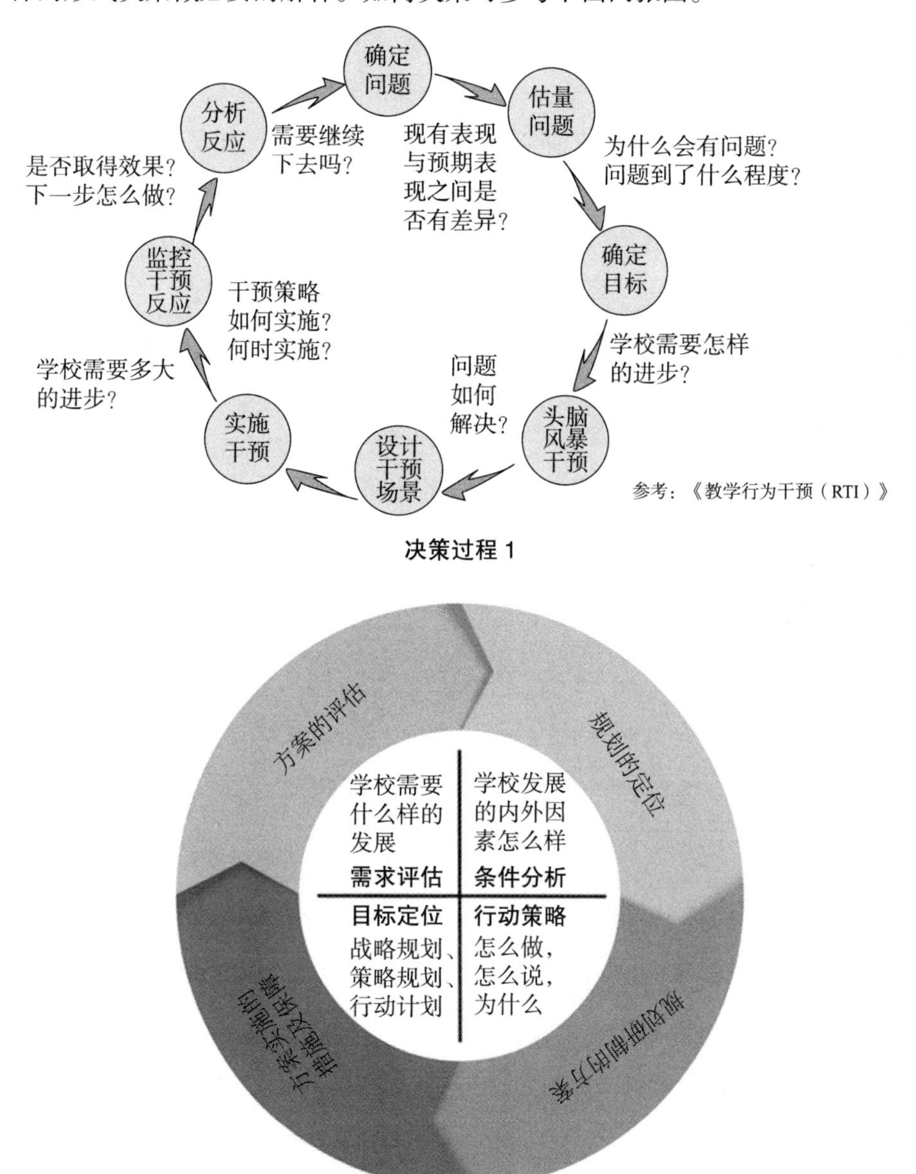

决策过程 1

决策过程 2

（三）明确分工

为确保规划的研制必须确定具体的工作团队，建立相应的分工框架（WBS）。WBS 任务分解法源于项目管理，任务（work）可以产生有形结果的工作任务，分解（breakdown）是一种逐步细分和分类的层级结构，结构是（structure）按照一定的模式组织各部分。这是项目团队为实现项目目标、创建所需的可交付成果，对需要实施的全部工作范围的层级分解。需要明确的是，WBS 任务分解的目的是明确“谁”“做什么”，而不是“怎么做”。

（四）预估完成时间

方案中必须预估各项任务完成的时间，预防拖拉现象的发生。

（五）反馈与评估

规划研制的过程其实就是一个不断决策、反馈、评估的过程，只有在不断地决策、反馈、评估中才能得以逐步完善。

目标与愿景的确定与陈述

目标是什么？目标是下一阶段行动的出发点，也是对下一阶段行动的结果预设，同时还是对规划实施情况评价的依据，或者说是想要达到的境界或目的。愿景是什么？愿景是希望看到的情景，根据目标描绘的蓝图。在规划未来发展目标时必须具体描述诸如德育目标、课程目标、教学目标、师生成长目标、管理目标等比较具体的工作愿景。

一、目标确定的依据

目标规定了管理组织在一定时期内总的发展方向、发展战略、发展规模和要达到的水平。学校发展规划目标划分为多种类型。比如，以时间为标准，可分为长期规划发展目标、中期规划发展目标和短期规划发展目标；以实施主体为标准，可分为学校总体规划发展目标、部门规划发展目标、教师个人规划发展目标；以规划性质为标准，可分为战略型规划发展目标和操作型规划发展目标等。各类学校要根据在发展过程中所面临的形势和任务，确定不同时期的发展和工作重点，明确各个层次发展目标的具体内涵。无论是哪一类的目标都应该体现国家与辖区政府的目标要求，体现具体学校的基本任务的发展方向和要达到的水平。因为任何一所学校的发展都是在特定的历史时期与特定区域中的发展，因此发展目标确定的依据是上级（主管部门）要求与客观因素，上级的要求、主观条件和其他客观因素，目标确定的过程就是国家要求、区域定位、国际潮流与学校愿景、实际可能之间的协调统一过程。

二、SMART 目标要求

SMART 目标要求是管理学大师德鲁克在《管理的实践》中提出的，用于衡量目标是否科学有效，是否易于实现。具体来说，S（specific）代表目标必须具体；M（measurable）代表目标必须可测量；A（attainable）代表目标必须可实现；R（realistic）代表目标必须是现实的；T（time-bounded）代表目标必须有明确的时间限制。

目标必须具体，强调的是要防止可能出现的大而空、口号式的呈现，比如，不能只是简单的一句“建成优质学校”；目标必须可测量，强调的是目标的可见性，比如，对“优质学校”要有具体的界定；目标必须可实现，说的是在规划的期限内必须达成；目标必须有明确的时间限制，任何没有时间限定的目标就有可能遥遥无期。

三、C-SMART 目标原则

C-SMART 目标原则，具体来说，C（challenge）代表目标具有挑战性；S（stretching）代表目标具有弹性；M（measurable）代表目标可以被衡量；A（agreed）代表围绕目标达成共识；R（realistic）代表目标具有可行性；T（time）代表达成目标有时间限制。

目标具有挑战性，具有挑战性的目标更能唤醒组织及员工的潜力，激发学校的内驱力。目标具有弹性，不容许修改的计划是坏计划，目标的达成会受制于许多因素，尤其是一些不可预料的因素，因此，目标的设计不能僵化。与目标的弹性原则相匹配的有一个 PDCA 循环原理，具体来说，P（plan）代表计划，确定方针和目标，确定活动计划；D（do）代表执行，实地去做，实现计划中的内容；C（check）代表检查，总结执行计划的结果，注意效果，找出问题；A（action）代表行动，对总结检查的结果进行处理，成功的经验加以肯定并适当推广、标准化，失败的教训加以总结，以免重现，未解决的问题放到下一个 PDCA 循环。每一件事情先做计划，计划完了以后去实施，实施的过程中进行检查，检查结果以后，再把检查的结果进行改进、实施、改善，这样把没有改善的问题又放到下一个循环里面去，就形成一个一个的 PDCA 循环。围绕目标达成共识，既然是学校发展目标，那么学校的全体成员就要达成共识，如何就学校发展目标达成广泛共识？可以通过罗伯特议事规则、头脑风暴、六顶思考帽和换位思考、放大格局的综合手段进行。

四、发展目标的层次性

学校发展目标在规划中是一个系统，学校发展目标作为教育目标的子系统至少包含学校的办学目标、学校的育人目标、学校的质量目标；从学校系统内部看则有学校发展目标、部门发展目标与个人发展目标。协调学校目标、部门目标和个人目标，对目标进行科学的分解，关系到总目标的达成。

欧文·瑟维斯、罗里·加拉维尔在《小逻辑：让选择变简单的方法》中有这样一段文字，对我们理解目标分解是有启发的：

分块研究的要点是，无论你将目标按时间分割还是按行动分解，这并不说明长期目标不重要，恰恰相反，心理学家的结论是，分块是长期目标（“远目标”）与短期目标（“近目标”）之间的相互作用，这一点很重要。“远目标”帮助你坚持朝着自己的最终目标前进（无论是赢得奥运金牌还是提升工作能力），而“近目标”能够帮助你明晰当下需要立刻完成的任务（改良自行车性能或是练习演讲技巧）。用一位心理学家的话来说，你需要把你的“千里”与“跬步”关联起来。这也是为什么“分块”的关键之一在于，你要确保分解出来的每一部分叠加起来最终能够到达长远目标。

一般来说，学校发展目标的层次如下页图所示。

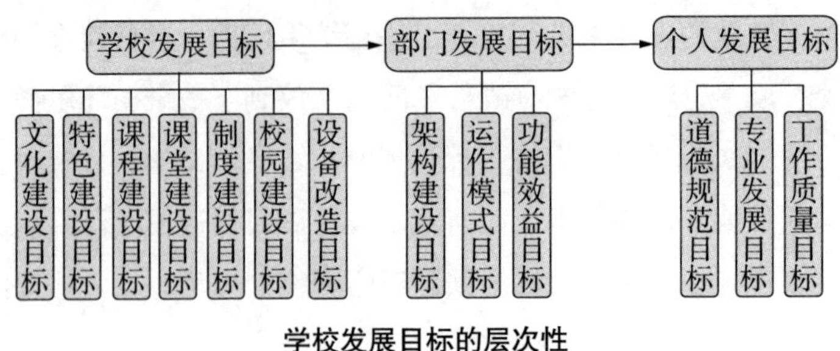

学校发展目标的层次性

链接

富锦市双语学校发展目标体系

总体目标：

坚持把学校办成市内精品、省内一流、国际知名的特色智慧学校；把培养教师具有高尚的师德、渊博的知识、先进的教学理念、积极的探索精神、精湛的专业技能、民主的教学思想为教师专业成长目标；立德树人、致力于培养具有国际视野和竞争力的德智体美劳全面发展的时代新人。

具体发展目标：

1. 学校建设发展目标。

学校经过十多年的建设与发展，社会知名度和认可度不断提升，生源数量不断增加、质量不断提升，现有校区已经不能满足办学发展的需要。为保证办学品质，走精品化办学之路，学校发展需要“两条腿走路”：一是异地选址建设富锦市双语学校第二校区，在第二校区内成立高中部和全封闭初中部，五年内实现第二校区基础设施建设完备，高中部和初中部各六个班；二是本校区采取限招策略，取消住宿生，原有学生公寓提供给中小学部中餐午休生使用。2020 年起，本校区小学段每年招收 4 个班，初中段每年招收 6 个班。

2. 学校管理目标。

（1）完善制度建设。精细化学校内部管理，三年内优化完善所有管理和考核制度，重新修订学校管理制度手册；促成“制度约束人，制度促进人，制度造就人”的新局面；打造公正、公平、公开、风清气正的工作环境。

（2）完善分层管理制度。积极创新学校管理制度，完善“分级管理，分部负责”的新型学校管理制度；三至五年内，培养出成熟稳健、有责任心、有担当、能够创造性开展工作的梯度管理队伍；实现分校区之间管理干部交流、晋升通道打开。

3. 文化育人目标。

（1）凝练学校核心价值体系。学校核心价值体系的构建已经完成，学校的办学理念、办学特色、办学目标、教师专业成长目标、学生培养目标、“三风一训”等凝练着我们的办学智慧和成果。如何更好地实现可复制的扩散？如何更好地解读和融入到育人中去？这是我们近期要思考和解决的问题。我们要在三年内让双语学校核心价值体系根植校园并遍地开花。

（2）彰显个性校园。文化守正扎根未来，独具匠心，凸显“双语、人文、智慧、创新”的办学特色；让校园的一草一木、每一块墙壁都会说话，每一块砖、每一角落都有“双语”的故事；努力营造一个整洁文明又体现学校个性的育人环境。

（3）发挥智慧教育优势。完善“智慧教育”家校共建平台和网络家长学校管理，实现社区参与、家校互动的学校育人环境建设。

（4）把握宣传导向。加强微信公众号和《语寄》校刊等宣传平台的管理，及时向社会各界人士播报学校工作进展状态，彰显学校办学特色，使之成为宣传学校办学理念的最好媒介。

4. 课程改革目标。

深入推进课程改革。三年里，努力探索学校走班教学模式、分层达标、教学内容整合、教学策略动态实施、教学管理和学习效果科学评价，以优化课程改革体系，并总结探索出适合本校发展的走班教学的模式。

5. 课堂教学改革目标。

三年时间落实和完善：

（1）集体备课下分层教学；（2）小组教学和学生课堂评价；（3）智慧课

堂教学全面普及应用；（4）以学科组为单位出版各学科习题集，在使用过程中不断优化和完善。

6. 教育科研目标。

课题引领，教研铺路，促进课堂教学改革发展。以研促训，促进青年教师快速成长，积极探索科研兴校路径。具体来说，包括五个方面：（1）五年内完成有关“智慧课堂”教学国家课题的申请、立项和结题工作。（2）2020年按计划完成省“十三五”规划课题“运用多媒体改变课堂教学的策略与研究”结题工作。（3）2020年顺利通过佳木斯心理健康示范基地验收工作。（4）开展好佳木斯“智慧课堂”教学示范基地引领工作。（5）按计划开展好“智慧教育工作坊”课题研究工作。

7. 教师培养目标。

培养一支具有高尚的师德、渊博的知识、先进的教学理念、积极的探索精神、精湛的专业技能、民主的教学思想的教师队伍。建设一支德艺双馨、爱岗敬业的教师队伍；建设一支充满活力、改革创新、为学生放飞梦想的教师队伍。教师以德树人，以爱育爱，教师爱岗敬业深化教改，教师绽放年轻活力，师生关系和谐融洽。

8. 学生培养目标。

立德树人，促进学生德智体美劳全面发展。

（1）加强校际间和国际间学生研学交流。争取三年内再建立两所国际友好学校。每年组织优秀学生研学旅行。现已与中国台湾新北市立瑞芳中学、菲律宾马塔斯纳卡小学深度互访交流6次。

（2）丰富和深入开展社团活动。学校现有12个社团在常态化开展活动，三年内，社团发展至20个以上。

（3）增强学生健康体质。培养学生运动兴趣，掌握运动技能，提升竞赛水平，学生健康体质逐年提升。开展丰富多彩的运动项目和竞赛。保持在全市体育竞赛中的绝对优势并在单项中有突破。作为全国足球特色学校，近三年在地级市足球比赛中要取得名次。近两年我们已经荣获全市环城赛、足球赛、冰上运动会第一名，全市中小学运动会第二名。

学校发展要素设计

学者刘晓丽认为“校长领导力也许是学校发展要素之一。人力资源战略不仅是有关人力资源管理的一系列行动计划，也是改变一个组织特性的一个整体、多面、长期的过程，是一种方向性的规划”。“而校长领导力，可能是影响学校发展的重要因素之一。它是指学校管理者统率、带领团队，并与团队交互作用从而实现学校发展目标的能力，主要表现为——决策、策划、设计学校发展的能力；组织、支配的能力；沟通、协调、凝聚的能力；敏锐地发现问题、诊断问题并及时解决问题的能力；驾驭、调节权力因素与非权力因素的能力。”

我们认为，规划的主体部分需要呈现的主体内容是体现学校发展的相关要素，这些要素主要由学校哲学、学校文化、学校特色（品牌）、课程架构、课堂教学、教师发展、学生发展、教育科研、办学规模与形式、校舍（校园）与设施等（具体见下图），可能还有其他的要素，至于一个具体的规划需要涵盖哪些要素，那要从规划本身去考虑。

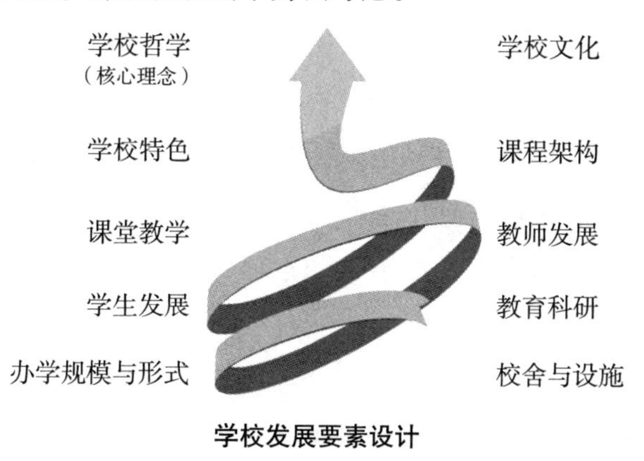

学校发展要素设计

一、学校哲学

所谓学校哲学，即学校教育哲学。美国教育学者斯宾塞·马克西于2001年在其文章《通过学校教育哲学追求教育中的幸福》中这样说："学校教育哲学是学校作为一个组织或者共同体整体看待自身的一种方式，主要包括对待学校共同体成员的方式、对待学校工作的态度以及学校的使命与愿景，其目的是为了寻求学校教育的幸福。"哲学是对基本和普遍之问题的研究，即"是什么""为什么""如何为"，或者"从哪里来""到哪里去"的问题。学校哲学亦即对学校教育"是什么""为什么""如何为"，或者"从哪里来""到哪里去"的研究；换个说法就是学校共同体的教育信仰，或者说是学校共同体的价值定位或价值追求；也可以理解为办学者带领共同体成员在哲学思考的基础上形成的办学理念，是学校发展目标在最高层次上的表述。学校哲学体现的是学校使命、发展愿景和育人目标。我们认为，在规划的研制过程中必须重视学校哲学的梳理与提炼。之所以要"梳理"，是因为它是在办学历史进程中客观存在的；之所以要"提炼"，是因为它在以往或者当下表现得还不是那么明晰、那么确定。

学校哲学，说起来很深奥，其实并非如此。一名称职的校长主要琢磨的就应当是学校的办学理念、办学追求、办学目标。所谓办学理念就是一所学校的价值取向，或者说是学校究竟想把师生引向何方；办学追求就是说想把这所学校办成怎样的一所学校；办学目标就是整个学校的走向，也就是所谓的发展规划。这些就是学校哲学，至于平时经常谈到的"三风"，只是学校哲学下一个层面的东西，或者说是属于学校文化系统的内容。

重庆市七间中学地处合川区。合川区因三江汇流而得名，是巴文化的发源地之一。境内有钓鱼城、涞滩古镇等著名历史文化古迹，周敦颐、张森楷、卢作孚、陶行知等历代名人曾在此授教创业，这使得合川区拥有了深厚的文化底蕴。开放、豁达、包容、和谐、执着、坚守与自律的地域文化自然影响着七间中学的学校哲学与学校文化。事实上，这所学校在一次又一次的拆并整合中一步步走来也印证了合川这种地域文化的特质。“和合”文化，继承了中国传统文化中的“和”文化，又融合了合川的地域文化和七间中学的合作文化，因而将这所学校的学校文化定位在“和合”二字上，不仅具有文化的在地性，还基于学校现实。

二、学校文化

学校文化是在学校哲学主导下的一种文化认同和追求。泰勒说：“文化，就其在民族志中的广义而言，是一个复合的整体，它包含知识、信仰、艺术、道德、法律、习俗和个人作为社会成员所必需的其他能力及习惯。”泰勒关于文化的阐述告诉我们，文化不仅包括知识、信仰、艺术、道德、法律、习俗等元素，更要紧的是，它是“个人作为社会成员所必需的其他能力及习惯”。这里的“能力”和“习惯”，我们的理解就是“行为方式”，这种行为方式，不仅是个人的，更是社会的，学校整体的思想、心理和行为方式，通过学校的教学、管理、组织和生活的运营表现出来。学校文化就是由学校内部全体成员共同认可和遵守的价值观念、道德标准、学校哲学、行为规范、办学理念、管理方式、规章制度等的总和。荣格认为，“一切文化最后都沉淀为人格。个人的文化，最后成为个人的人格；一个民族的文化，最后就成为这个民族的集体人格”。据此，一所学校的文化最后就成为这所学校的集体人格，亦即学校共同体成员的集体人格，久而久之就会形成一种整体形象，一种内在气质，一种独特个性，一种教育品牌。如何梳理与建设与学校哲学相一致的学校文化，有必要搞清楚学校文化的内涵与外延，或者是学校文化的分类。据文化结构的逻辑推演，文化的分类有两分法、三分法、四分法，具体见下页图（上）。我们倾向学校文化建设，可以按下页图（下）所示去思考。

两分法	三分法	四分法
物质文化 精神文化 表层与底层	物质文化层 制度文化层 精神文化层 显性 灰色 隐性	物质文化 制度文化 精神文化 行为文化 由外而内 由表层到深层

文化结构的逻辑推演

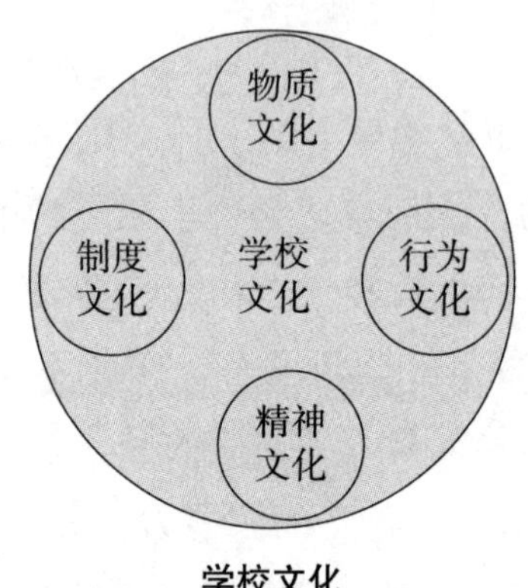

学校文化

学校精神文化大致包含认知、情感、价值、理想四个方面，具体来说，是学校群体和构成它的个体对教育目的、过程、规律的认识，学校每名成员对教育、学校、班级、同事、同学、老师、学生特有的依恋、认同、热爱的感情，学校所特有的价值取向系统，以及学校及其成员对各种教育活动和学生的发展水平所表达的希望和追求。

重庆市龙吟中学地处江津区的南部山区，上有高完中（江津六中），下有省级示范初中（李市中学），是典型的在夹缝之中求生存的村级初中。多年来，他们以“创学生喜欢、教师幸福、家长满意的初中教育高地，办百姓身边的好学校”为目标，来建设、发展本校。但在整合调整的大背景下，学校事业如何才能获得进一步的发展，是一个不容回避的现实问题。学校在梳理办学进程中积累经验的基础上，进一步明晰了学校文化建设的方向：构建具有龙吟特质的、以活动为载体的幸福教育：快乐课堂—快乐校园—快乐教育，从小课堂到中校园，再到大社会，都享受快乐，追求幸福。教师乐教，学生乐学。如此构思，是有东西方哲学作支撑的，不是悬空的，不仅基于现实，也有理论支撑。

《孟子 · 尽心上》说："君子有三乐，而王天下者不与存焉。父母俱存，兄弟无故，一乐也；仰不愧于天，俯不怍于人，二乐也；得天下英才而教育之，三乐也。君子有三乐，而王天下者不与存焉。"家庭的宁静、自身的修为、对社会的回馈，孟子心中的三大快乐是一个立体式的架构，其目的在于给人一个健康快乐的人生。德国著名教育学家斯普朗格说："教育的最终目的不是传授已有的东西，而是要把人的创造力量诱导出来，将生命感、价值感唤醒。"当师生的创造力被诱导出来，生命感、价值感被唤醒以后，其人生何其乐也！

南京市江宁高新区中学发展规划中就花了很大的篇幅来谈学校文化建设，他们主张全校师生共同描绘发展愿景，这种愿景一定是全校师生集体协商、共同制定的，这种协商过程本身也是对办学理念深入理解的过程。

在学校空间建设上，他们非常注重环境熏染。学校建筑面积 3.88 万平方米，有 10 多个公共交流社区，3 个超级连廊，5 个"空中花园"。学校将把这些空间逐步建设成为完全不同于传统学校的、支持学生个性化学习的空间，让学校的公共空间发挥育人功能。一至三层（每层近 1000 平方米）的连廊将分别建成师生交流中心、科技中心和主题阅读空间，3 号楼和 4 号楼的中庭将建成艺术长廊和休闲空间。

在学校制度文化建设上，他们遵循服务学校发展、充分调动教师的积极性和能动性的原则，请全校教师、学生和家长携手共建相应的管理制度，并将这些制度进一步细化和完善，最终提请教职工代表大会审议实施。

在管理文化上，他们努力做到有事大家商量，出台相关制度要广泛征求大家的意见，争议较大的事情不是由行政人员更不是由校长一人"拍板"，而是让全体教职工投票表决，以唤醒教职工的自我管理意识，提高教职工的自我管理能力。

虽然学校制定的各项制度有刚性要求，但是在执行中，我们还要体现柔性（即"人文性"）的一面，力求公平公正地对待每位教职工，让每位教职工在学校有存在感、幸福感；在生活上主动关心教职工，让他们感受到大家庭的温暖与团队的力量。当然，与此同时，学校研学、互助、和谐、温暖的氛围也需要每一位教职工的共同呵护。

三、学校特色（品牌）

学校特色，即学校的办学特色，它一旦形成就会成为学校的品牌或名片。具体来说，学校特色是指学校在长期的办学过程中，经过师生共同努力，在先进教育思想指引下，结合本校本地实际形成的独特的、优化的、稳定的办学模式、办学风格（具体体现在办学理念、治校体制、课程体系、育人方式、管理手段、资源配置等方面），学校哲学理论层面的丰富内涵和经营运作层面的具体路径与操作方法的有机统一体。

从学校文化的角度看，特色是文化成长到一定阶段的必然产物，而且这种产物不是虚空和浮泛的，不是凭空捏造的，而是有着具体的思路、载体、目的和意义。它还反作用于学校文化，使之向纵深不断发展，使之在形色之外被赋予学校的灵魂。从学校发展的视角看，办学特色不仅是学校的一个重要品牌或名片，更是学校核心竞争力之所在，是关系到学校生存和发展的重要因素。有人说“一所好学校，应该有自身的个性和特色，这不仅是学校的教育目标和任务所规定，而且也是学校的定位、传统、实力、优势等方面之因素决定的。好学校应该拥有好师资、好学生、好硬件和好的社会联系，更重要的是要有好的育人理念和精神积淀，自然会营造出好的办学氛围和好的育人平台，这既是办学特色成长的逻辑前提，也是办学特色形成的逻辑必然”。需要强调的是，学校特色受地域、民俗、传统、制度影响，是不可复制的。因此，我们在编制学校发展规划时，必须有学校特色发展的谋划，明确学校特色建设的目标与定位，设计学校特色发展的路径。

在具体谋划时，必须考虑下页图（左）所示的学校个性基因，并从这些基因出发考虑学校特色建设，如下页图（右）所示。

学校的个性基因　　学校的个性基因与学校发展

当然，有必要的时候也可以专门编制一个具有学校特色发展的规划。需要说明的是，无论是学校战略规划中的“学校特色”部分，还是学校特色发展规划的制定，都要关注学生发展，基于学校实际，传承学校历史，挖掘本土资源，从未来视角出发来精心谋划。

四、课程建设与实施

《基础教育课程改革纲要》明确要求，必须“增强课程对地方、学校及学生的适应性”。《一个称作学校的地方》的作者古德莱得在大量的调查研究中得出了这样一个结论：“学校与学校之间的差异告诉我们，在不同的学校，获取知识的机会是不同的。”除了因为学校的办学主张、办学理念、办学条件（硬件与软件）不同，更多是不同的学校所设置的课程以及课程的具体实施使然。当下中小学校课程有国家课程、地方课程、学校课程之分，但根本是为了更好地落实国家课程。学校教育目标、育人目标主要是通过课程与教学来达成的，如何更好地通过课程的实施来达成教育目标、育人目标是课程建设与实施首先要考虑的问题。这一点泰勒早就在《课程与教学的基本原理》中说过，教育是改变人们行为模式的过程。泰勒谈及课程目标表述时说：“最为有效地陈述目标的形式，是以这样的措辞来表达：既指出要使学生养成的那种行为，又言明这种行为能在其中运用的生活领域的内容。”要做到这一点，发展规划就要在充分研究国家课程改革的相关要求与具体内容的基础上，从学生的认知实际出发，研究课程的实施中顺应学生学习经验组织的逻辑顺序和心理顺序。要积极倡导教师在落实国家课程的过程中尽其所能地收集与课程和教材有关的所有的材料和信息，并将它们呈现给学生，邀请学生在已有资源的基础上求证：证真或证伪。

《基础教育课程改革纲要》还要求“学校在执行国家课程和地方课程的同时，应视当地社会、经济发展的具体情况，结合该校的传统和优势、学生的兴趣和需要，开发或选用适合该校的课程。各级教育行政部门要对课程的实施和开发进行指导和监督，学校有权力和责任反映在实施国家课程和地方课程中所遇到的问题”。对此，江苏省海州高级中学周艳校长认为，学校课程建设与实施中有一个在国家（地方）课程标准基础上，进一步整合资源，对课程标准进行科学合理分解，逐步实现课程标准校本化、特色化的问题，构建符合学校文化精神、适合学生发展的课程体系。他们在学校发展规划中明确提出要增强课程的选择性，要围绕学校“盛德厚学”的文化传统，以人、自然、社会为课程的三大主题；设立两大目标，即满足学生充分发展需求，培养全面、优质、特长发展的海中人；涉及八大领域：语言发展领域、逻辑发展领域、自然发展领域、人文发展领域、技术发展领域、艺术发展领域、身心发展领域、综合发展领域；创设多元化发展环境，满足学生共性需求，尊重学生个体差异；根据学生学习认知现状及特点，在国家（地方）课程标准基础上，对课程标准进行适当分解，逐步实现课程标准校本化。

学者蔡清田则认为，课程建设与实施关乎教师成长：“教师是课堂层面重要的课程发展人员，可以根据课堂的实际教学经验，检验课程当中蕴含的教育理念之价值性与可行性。一方面，教师可以在课堂教学过程中，将课程所孕育的教育理念，转化为教育实践与课程行动；另一方面，教师则根据课程行动与教育实务经验，修正课程所蕴含的教育理念，进而透过课堂情境当中的课程行动，发展及建构适合自己学校、班级情境的课程意义与课程内容方法。课程行动研究是一个连续不断、周而复始的继续性过程。教师研究自己的教学经验，并且透过个人与集体方式加以反省；透过教师彼此间相互支持与课程计划人员的支持，得以获得教育专业成长。”

需要指出的是，新的高考改革、中考改革要求中关于学生综合素养考核的要求，其实在很大程度上是与学校的课程开发与建设密切相关的。

五、教师发展

好的学校发展规划，总是相当重视对教师发展的谋划。因为教师发展是学校发展最为重要的人力资源，或者说是智力资源。从管理心理学的视角来看，这其实是一个凝聚人心的过程，凝聚人心用情、用心、用真。用情，强调的是出于管理团队，尤其是校长内心的认识，而不是工作的需要；用心，说的是要尽可能多想一点办法，多开发一些渠道；用真，则强调的是在多种办法、多条渠道中选择最为实用的方法与渠道。只有教师发展了，学生才能发展，学校才能发展。积极推动教师专业发展，也是国家相关政策的要求。《中共中央国务院关于全面深化新时代教师队伍建设改革的意见》明确要求："到 2035 年，教师综合素质、专业化水平和创新能力大幅提升，培养造就数以百万计的骨干教师、数以十万计的卓越教师、数以万计的教育家型教师。"好的学校发展规划在教师发展这方面的谋划，固然要考虑以后一个阶段学校将要有多少骨干教师、卓越教师、教育家型教师，更要考虑不会因学校管理者的领导身份令出即行或令止即废。

美国学者苏珊·摩尔·乔纳森和哈佛大学"下一代教师"项目推动中的一项重要研究，或许可以促使我们在编制规划时深刻认识学校文化生态与教师专业成长之间的重要关系。乔纳森及团队对马萨诸塞州近 50 名新手教师进行了研究，发现了三类不同的文化生态会对新手教师的教学体验及他们的走向（离岗还是留下来）产生显著影响。

一是以经验型教师为导向的文化：这个生态主要由经验丰富的同事组成，这些同事以他们的方式主导了整个校园文化，占据了学校的主要资源，甚至把持着学校的话语。在这样的文化生态中，新手教师感到孤立无援，倾向低调处理生存问题，变得愤世嫉俗，而成为那些极可能离岗的人之一。

二是以新手教师为导向的文化：在那些很难招募到教师的城市学校或新成立的特许学校里，新手教师们因彼此相似的氛围而精神振奋，但是不久之后他们就精疲力竭，并易于崩溃，因为学校会持续要求他们写课程方案，而校内又缺乏那些可以指出问题解决的捷径以及展示诀窍的资深教师。

三是混合型文化：在这样的生态中，监督新手教师不仅仅是与老教师建立关系，而且是整个校园文化的一部分。在这样的文化生态里，所有教师，不管是年轻的还是年老的，都能合作共事，互帮互助。

尽管这是一项对新手教师的研究，但这一研究成果告诉我们：不同的学校文化导向会对教师的职业生涯产生不同的影响，学校文化才是影响教师专业发展的关键。如何建构有利于教师专业发展的学校文化生态不仅是一种技术，更是一种智慧。一所学校如果形成了一种合理健康的文化生态，不仅能提升学校的办学业绩，也能促进每一位教师的专业成长。反之亦然。

今天，我们谋划教师发展时必须有清醒的未来导向，因为未来已来，如何应对互联网、大数据、AI 技术对教育的挑战是摆在每位教师面前的实际问题。我们必须清醒地认识到，教师现有的观念、知识与技能如果不改变，是很难承担未来教育的重任的。未来的学校，需要的是“通向整合的教育”“学校应该成为不同媒介（博物馆、报刊、电视、多媒体等）整合的场所”“学校可以变成学生摸索的地方——学生可以在这里犯错，这里没有社会风险，因为人们安排了各种条件用以促进学习循序渐进地进行”“学校甚至可以成为研究有益于社会的问题或解释公民问题的场所”……而教师将成为“一个变化中的职业”（安德烈·焦尔当《学习的本质》）。我们必须让教师认识到，想当好一名教师，想要收到好的教育教学效果，就要不断地更新自己的知识，建立自己的知识地图，形成缜密的知识网络以适应变化着的世界、变化着的教育。

六、学生发展

中共中央办公厅、国务院办公厅《关于深化教育体制机制改革的意见》要求：“要注重培养支撑终身发展、适应时代要求的关键能力。在培养学生基础知识和基本技能的过程中，强化学生关键能力培养。培养认知能力，引导学生具备独立思考、逻辑推理、信息加工、学会学习、语言表达和文字写作的素养，养成终身学习的意识和能力。培养合作能力，引导学生学会自我管理，学会与他人合作，学会过集体生活，学会处理好个人与社会的关系，遵守、履行道德准则和行为规范。培养创新能力，激发学生好奇心、想象力和创新思维，养成创新人格，鼓励学生勇于探索、大胆尝试、创新创造。培养职业能力，引导学生适应社会需求，树立爱岗敬业、精益求精的职业精神，践行知行合一，积极动手实践和解决实际问题。要建立促进学生身心健康、全面发展的长效机制。切实加强和改进体育，改变美育薄弱局面，深入开展劳动教育，加强心理健康教育和国防教育。”教育部《关于全面深化课程改革落实立德树人根本任务的意见》要求：“要根据学生的成长规律和社会对人才的需求，把对学生德智体美全面发展总体要求和社会主义核心价值观的有关内容具体化、细化，深入回答‘培养什么人、怎样培养人’的问题。……各级各类学校要从实际情况和学生特点出发，把核心素养和学业质量要求落实到各学科教学中。”这些文件的要求是国家层面对学生发展的要求，也是编制学校发展规划的政策依据。

从教育本身来看，“教育是极其严肃的伟大事业，通过培养不断地将新的一代带入人类优秀文化精神之中，让他们在完整的精神中生活、工作和交往”。（诺丁斯《批判性课程》）因此，学校关注每个人的需要，为人的生命的延续和发展奠基。教育教学难就难在它面对的是活生生的人，区别于其他工作的最大特点是，人的复杂性与可变性是其他任何工作面对的对象无法比拟的。教师工作的关键是调动学生的激情，触发学生的动力。要达成这个目标，就要想方设法弄清楚他们究竟想要什么，他们现在在干什么。我们必须认识到，“普适的学习方式是不存在的，把科学学习上的指导性方法和非指导性方法对立起来”，“同样是可笑的”。“在这个日新月异的社会，一个人不能再仅仅学习‘认字、写字和算术’”，“人必须不断地对自身的成功和失败进行总结，甚至还要不断地进行创造”。诺丁斯强调，“我们必须超越过去的学校所提倡的简单的‘读、写、算’”，“学习阅读意味着学习解析超文本，以及在其中找到自己的方向”，因为“仅仅掌握书面材料是很有局限的。大数据时代，知道如何破译图像（一连串的图像）”（安德烈·焦尔当《学习的本质》）应该成为人的必备能力。

我们在编制规划时必须意识到，无论教育技术如何发展，但“一个孩子如果能自然地学习，依靠自己的好奇心追求任何能增进心智的知识，而且可以找出一个适当的学习环境，没有恐惧和罪恶感，这将促使他们在知识上的成长，并促使他们热爱学习，培养学习的能力。同时，他选择了自己的方向，也成为社会需要的人”。要完成这样的使命，“唯一的改变”是“使学校和教室依照每一个学生的方式——满足他们的好奇心的方式，一边能发展他们的潜力，追求他们的兴趣”，让“每个小孩子可以自由选择自己喜欢参与的项目，或保持不选择的意愿”，“而且他们还可以从他周围和比他幼小的孩童的接触中得到更丰富的生命感受”（约翰·霍特的《教育的使命》）。学校与教师的教学水平固然重要，但对学生的关注度和知晓度相对于教学水平来讲更为重要，因为这些才是如何帮助学生发展的逻辑起点。

七、教育科研

前文提到，学校的发展依赖于教师的发展，只有教师发展了，才有可能促进学生的发展，而教师的发展光有平台是远远不够的，更重要的是要通过各种策略推动教师自己行动起来。从学校管理策略而言，一个重要的策略就是以教育科研为抓手，尽最大可能激发全体教师的研究意识，并将这种意识转化为实际的研究行动，所以我们在编制学校发展规划时，必须将教育科研视为学校发展重要的行动策略之一。

需要强调的是，中小学的教育科研并不是学院派的那种纯学术方式。中小学教师所做的，更多的是一种实践研究，而这种研究的主要阵地在课堂和每日的教学生活里。规划中关于教育科研的谋划首先要指向教学研究，要让全体教师意识到教学就是一种研究，推动和帮助教师在日常的教学生活中对自己所担任的学科有一种系统化的、较高层面的关注。要让教师们认识到，优秀的教师一定是研究者。

我们在设定学校教育科研的目标与任务时，要坚持个体与群体相结合的原则。就学校发展视角而言，我们的建议是首先必须考虑学校发展，尤其是学生发展的需求，凸显校本特色，立足于学校的课程建设与实施的个性化的研究，要将研究的重点落实在课堂教学改善上；其次，要强化对学校各个层面工作的有效评价与多元评价的研究，积极探讨如何建构一套有助于推动每一项工作、每一个个体健康发展、主动发展的评价体系，形成相应的评价策略、方法，开发科学的评价工具，以实现以评价促发展的评价宗旨；第三，要充分发挥每一个个体的潜力，彰显个人的优势，让一部分有志于从事教育科研的教师在相关问题乃至领域的研究上有所建树；第四，要顺应时代的发展，关注国际国内教育教学改革动态，主动参与到对未来教育与未来学校发展的前瞻性问题的研究上来；最后，要倡导研究形式与研究方法的多样化，强调研究的针对性与有效性，防止出现形式主义及假大空的服务于门面的假研究。

另外一个需要注意的问题是，大数据背景下的教育，许多情况下是要借助网络技术的。比如在线教育、翻转课堂，作为一种教学形式，我们的规划编制在教育科研这一块恐怕不仅要重视技术与技能的引领，更为重要的是要在观念的改变上采取必要的举措。大数据背景下的教师需要的是互联网思维，并在互联网思维下组织教育教学活动，坚持以学习为中心，以需要为前提，以服务为方式，以分享为快乐，并将这样的思维方式传递给学生。

学校教育有一个很重要的任务，是要设法把学生的“知”与“行”从网络中解放出来，互联网会解决“知”的问题，但是解决不了“行”，基于网络的探究也只是探究而已。如何做，如何实践，正是大数据时代教师们大展宏图的新领域。发展规划要致力于倡导教师主动提升自身的信息素养，尤其是大数据背景下的信息检索、筛选、整合、转化以及传递的能力。

八、办学规模与形式

中共中央办公厅、国务院办公厅《关于深化教育体制机制改革的意见》明确提出“改进管理模式，试行学区化管理，探索集团化办学，采取委托管理、强校带弱校、学校联盟、九年一贯制等灵活多样的办学形式”。学校在编制发展规划时必须从本校所在区域的资源以及学校自身的定位积极研判，考虑学校的办学形式以适应未来发展的需要。更要考虑与之相适应的学校管理模式及管理方略，以未雨绸缪。

随着城镇化的不断推进，优质教育资源的需求将越来越大。面对这样的趋势，我们在谋划学校发展规划时必须恪守一条基本的底线，那就是从学校的实际与可能出发适度控制办学规模，确保学校沿着健康的路径顺利发展。办学规模的预测，既要考虑社区居民的需求，更要考虑学校的可能，防止盲目扩张可能带来的资源的匮乏与稀释。

九、校舍（校园）与教学设施

华东师范大学教育部中学校长培训中心田爱丽、刘涛两位老师在《面向未来设计学校空间与环境》中提到“在面向未来的数字化时代，现代信息技术将在学校的教学与管理中发挥日益重要的作用，快速的知识获取、便捷的沟通与管理等，都正在改变以往我们对教育中‘什么知识最为重要’‘怎样教学最为有效’等教育基本问题的认识。未来学校建设，需高度关注学习环境的设计与建设，满足教育改革与教学变革的需要，能够切实转变学生学习方式”。他们认为“未来，相对于固定的教室内学习，学生通过移动智能终端学习的时间和机会日益增多”“分科与跨学科教学相结合，跨学科教学日益增加”“间接教学和直接教学相结合，直接教学会逐渐增多”“校内教学与校外教学相结合，二者结合的课程日益增多”，与之相适应的是“未来学校的环境设计、空间布局以及设施设备等也都会随之发生应有的变化”。具体表现在如下几个方面：“便于自学和讨论的空间体验”“人人参与的科学实验和功能体验”“注重身心健康的运动审美体验”“面向未来的生活与职业体验”。基于未来学校建设高度关注学生体验的原则，未来学校的环境设计与建设则需注意如下几个方面：“校园环境：通透和谐，绿化美化”“校园建筑：错落有致，别具风格”“学习空间：温馨舒适，体验性强”“设施设备：安全健康，功能多元”“信息技术：智能便捷，人机和谐”。

上述建议提醒我们，今天我们在谋划学校发展方案时再也不能以过去的经验来考虑校园及教学设施方面的东西，必须着眼于为学生提供更多实践性、开放性、探究性的学习平台，为增强学生解决问题的意愿，提升他们学习、探究的意识与能力服务。

十、规划的实施、反馈与评价

学校发展规划，既然是指向学校发展的，那就不能只是停留在纸面上。前面已经说过规划必须是具体的、可操作的，强调的就是规划要可以实施，唯其如是，它才可能发挥导向作用与规范作用，以保证学校的管理与运作朝着既定的方针，沿着正确的轨道前行，进而推动学校事业的健康发展。从事实角度看，规划编制开始就已经进入实施阶段了，编制的过程就是发动全体员工共同畅想未来的过程，凝聚人心的过程。规划一旦成文，就成了学校相关工作的要求和标准，无论是管理者还是教职员工在以后具体的工作中都得自觉地按照规划的要求行事，否则规划就失去了意义。管理者如果没有这样的意识，那么再好的规划也可能就是一纸空文。

前面我们也说过，教育教学难就难在它面对的是活生生的人，它区别于其他工作的最大特点是，人的复杂性与可变性是其他任何工作面对的对象无法比拟的。认准目标，按“既定路径”前行是单向性思维的特征，也是它的弊端。无论是规划的制定还是实施，如果不警惕单向思维的影响的话，是会制约学校朝更为理想的状态发展的。学校作为系统中的子系统，为了适应外部社会及教育系统的需要，必须不断地完善和改变自己的功能，而学校内部各子系统的功能及其相互关系也必须随之相应地发展变化。学校系统就是在这种不断变化的动态过程中生存和发展的，学校的组织架构、组织文化、办学追求、规章制度、管理方法、课程与教学、考核与评价都具有很强的时限性。这些时限性必然会影响规划的制定与实施，从而引发相应的调整与修改。正因为如此，通过一个阶段的实施，学校有必要在对规划所提出来的具体目标和任务的科学性、可行性以及发展性等进行全面反馈与评估，对规划做出相应的调整与修改以使规划更符合学校发展的要求，适应变化着的形势。

需要特别提醒的是，规划的编制必须明确相应的反馈评估机制，以保证规划的有效实施。这种反馈与评估，不单单是指向规划的实施，还应该包括对规划编制过程的检测。

链接

学校生涯规划教育的规划与推进

——以回浦中学生涯规划教育规划与推进为例

浙江省临海市回浦中学　包建新

我们在学校发展过程中，常常会遇到表面上看来不能不推进但基础又几乎空白的内容。出于各种各样的原因，这些工作最终常常做得很浮浅，或者做得很混乱，东一枪西一枪，形成不了格局，致使学校发展基础不坚实。随着新高考的实施，学校生涯规划教育应该就属于这样的内容。新高考把生涯规划教育推到了学校面前，从学校视角看，好多学校感到茫然，生涯规划教育要做什么？怎么做？谁去做？需要具备什么条件去做？做了有什么意义？这些问题都不清晰。在这种空白状态下，有的学校采用移植的办法，把别的学校的做法照搬过来。这样做省事，也有一定作用，但最终难以形成学校特色。应然的做法是，制定合理的规划，逐步推进，形成具有学校个性的格局。

在实施生涯规划教育方面，回浦中学从2014年正式启动，并制定于2015到2019年度实施生涯规划教育的规划，现在是这个规划推进的最后一个年度。目前，学校有生涯规划教育的校本必修、选修课程，高一年级开设生涯规划必修课程，以生涯规划教育普遍性的活动为主体内容；高二、高三开设生涯规划教育选修课程，以升学规划为主体内容；学校组建了生涯规划教育研究指导中心，以该中心成员为主体的编写组共同编写了《高中生学业规划22课》教材，正式出版；学校拥有生涯规划教育的专门办公室、教室，以及占地116平方米的小型生涯探索馆，供讨论、教学、咨询之用；学校形成了以生涯课程、生涯品质、生涯咨询、生涯体验为“四体”的生涯规划教育格局。回顾这个五年有关生涯规划教育的规划制定与推进，一则，也算是一个自我总结，并提醒自己，当学校面对一个几乎空白状态的项目时应该怎么做；二则，可能对如何制定学校发展规划，尤其是具有相同性质的有关项目的规划，有一定的参考价值。

下面是制定《回浦中学“四体共建”生涯规划教育项目五年规划》的过程。

一、认识提升

面对一个所知甚少的对象，我们首先需要做的就是学习，通过学习提升认识，否则无法去制定一个完整的规划。而为推动学校整体工作的学习，则需要考虑学什么、谁去学、采用什么形式去学这样三个问题。学什么？当然是生涯规划教育，我们把它分为两类：一类是文件性学习，一类是专业性学习。文件性学习（书面的和会议的）是学习教育行政部门对生涯规划教育的规定，但这个只是方向性的，提升认识更需要专业性的学习。谁去学？我们考虑到一两个管理者去学是解决不了问题的，要有更多人学习相关专业知识才能在下一步实际工作推进中更容易达成共识。采用什么形式去学？培训自然是容易想到的方式。此外，购买市场上可以买得到的有关生涯规划的书籍，建立专门图书室，组织小组学习，同时推行“做中学”“以输出促输入”，都是值得践行的方式。其中，“做中学”是给出具体任务，在完成任务的过程中学习，比如开课、做案例、开发短课程、组织小论坛等；“以输出促输入”就是让学习者站上讲台讲生涯规划教育，“讲”是最好的学。

出于以上考虑，学校实施“1+‘3个10’”项目，作为学校五年规划中“四体共建”生涯规划教育项目的子项目，以保证学习的有效性，并把学习引向深入。其中，“1”，即以课题为依托，建成“全国生涯规划教育实验基地”，“3个10”，即培训10名具有生涯规划教育专业水准的老师，开发10

个校本生涯规划教育的微培训，开发10个具有生涯规划专业水准的以活动课程形式呈现的班会课。

二、定位论证

有了比较充分而深入的学习，我们认为最重要的是给生涯规划教育定位。如果缺乏恰当的定位，认识不能聚焦于一点，学校的相关管理就难以被老师普遍接受，更不必说他们会乐于参与其中，这样，规划就成了空文。

（一）教育定位

应该怎么看待生涯规划教育呢？通过学习、研究，我们认为生涯规划教育应成为学校教育的底座。学校教育说到底是为学生的生涯负责，而学生的学习动力、学习目标、学习管理、学习的意义感等都可以通过生涯规划教育实现，生涯规划教育促使教师充分正视学生这个学习主体，也促使学生能够充分正视自己，因此说生涯规划教育应成为学校教育的底座并不过分。既然如此，生涯规划教育要与而且应该与学校现有的教育生态融为一体，成为提升学校教育教学质量的重要组成部分，而不是一个独立的内容。

生涯规划是一个很宽泛的概念，人们可以从不同的语境出发给出不同的定义。具体到高中生生涯规划教育，我们给出了这样的定义：运用生涯规划的理论与工具，为高中生这个年龄阶段所遇到的各种选择提供帮助，使他们更具有担当精神、目标意识和行动能力，这样的教育称为高中生生涯规划教育。就目标而言，与整个教育是一致的，其着力点是为高中生所面对的选择提供帮助，其专业性在于生涯规划理论与工具的运用。高中生生涯规划应该在这个定义下建立、发展、丰富起来。

（二）内容定位

从定义出发，高中生生涯规划教育的核心内容是学业规划教育，自我认知、职业规划等都应该从属于学业规划而存在，或者说它们的价值需要在学业规划中建立起来。大而言之，学业规划有三方面内容：学科选择、升学规划和追求目标的行动设计。学科选择就是在七门学科中选择哪三门作为选考科目，即使没有生涯规划教育的专业背景，自然也能够为学生的学科选择做出指导，但具有良好的生涯规划专业修养的教师，能够把学科选择与大学专业联系起来，与学生的个性、潜能联系起来，与学生的职业倾向联系起来，从而使选择更为坚定，使选择的过程成为明晰目标甚至人生方向的过程。升学规划就是让学生根据自己的特征、特长，选择合适的升学途径，从而减少升学的盲目性。追求目标的行动设计包括目标分解、学习效能、时间管理、课程选择等。

（三）课程定位

生涯规划教育要以体验、探索为常态。生涯规划说到底是学生个体的规划，个体与个体之间的规划是不一样的，生涯规划辅导是帮助学生进行自我发展的体验和探索。我们要从生涯规划教育的个人性这个特征出发，开发更多生涯体验、探索的活动；要分清楚哪些内容适合团体辅导，哪些内容适合个体辅导。生涯规划教育课程要在这个基础上建立起来。

三、明确职责

规划中一个新的项目的实施，可能会出现职责不明的情况，这常跟相关工作部门固守原来工作状态、相互推诿有关，也与决策者对所实施内容的职责认识有关。

这一点，我们跳脱开来做了思考，以美国相关工作安排为参照。在美国，没有班主任这样的职务，生涯规划教育由咨询辅导师承担。如果像美国那样设立咨询辅导师这样的职务来负责生涯规划教育，必然会造成职务重叠、责任交叉等情况，由于班主任在我国的学校教育中具有举足轻重的地位，最后生涯规划教育会被学校边缘化、淡化，为学生生涯负责的教育就成了空话。经过讨论，我们认为最合适的做法是：学校德育处确定一位副主任专门抓学校的生涯规划教育，带领班主任，把生涯规划教育逐步深化。

生涯规划教育表面上是学校新增的一块工作内容，实际上是学校德育工作的发展。学校德育工作原来叫政教，在观念上以规训为主；后来叫德育，在观念上以育人为主；而生涯规划则以指导学生发展为主。学校应该把握政教—德育—生涯规划的发展脉络，设立生涯规划中心，由德育处主任领导，德育副校长统领。

四、制定规划

形成规划文字是一件简单的事，但要形成一个可以执行的，并且执行起来能够顺畅的规划，那就不容易了。有了前面的工作做基础，我们觉得可以制定一个明确的规划了，最终形成《回浦中学“四体共建”生涯规划教育项目五年规划》，准备工作我们花了一年多时间，我们认为这是有必要且高效的。

（一）“四体”的内容

这个规划的内核是生涯规划教育的“四体”，这“四体”可以用下图表示：

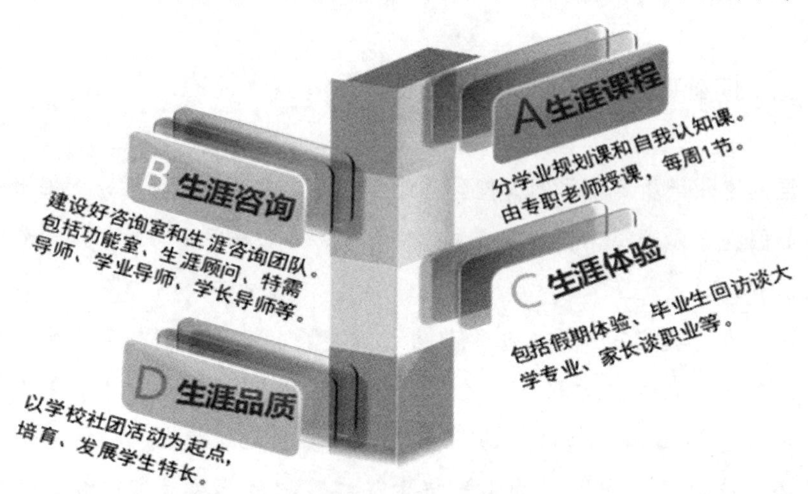

生涯规划教育的“四体”

1. 生涯课程。它包括在课堂里进行的自我认知课程、生涯规划课程和不以课的形式固定的生涯体验课程。自我认知课程主要是让学生认真了解自己的性格特征、兴趣爱好，认识自己的优势和不足；积极看待自己的独特性和价值，学会表达、调节情绪的方法，掌握有效的沟通技能；树立正确的世界观、人生观和价值观，学会对自己的选择负责。生涯规划课程包括如下内容：如何适应高中阶段的学习；科学安排三年必修和选修课程的修习计划，明确自己的学考、选考意愿；制订参与社团活动、志愿者活动、社会实践、体育锻炼等计划，培养和发展自己的兴趣与特长；让学生在初步了解主要高校的专业信息与社会职业需求、了解专业发展趋向和人才市场需求的基础上，选择合适的发展方向；让学生了解学校7选3规则；认识人生发展的各种可能。生涯体验课程，了解和体验不同专业、职业的特点，丰富专业、职业体验的过程中，不断明确学习、成长目标，为专业性发展、职业倾向选择提供判断依据。

2. 生涯咨询。建立生涯咨询团队，为学生提供一对一指导。建设好咨询场地，组建好生涯咨询团队。场地建设以建成小型“生涯探索馆”为目标，生涯咨询团队建设以建立“导师制”为目标。生涯咨询团队成员分生涯顾问、特需导师、学业导师、学长导师四类。生涯顾问由校级领导担任；特需导师是指具有生涯规划教育专业水准的教师，解决学生在生涯决策过程中一些纠结的问题；学业导师由所有任课老师（包括班主任）担任，特需导师对学业导师进行不定期培训；学长导师由高年级学生组成，他们以“过来人”身份给低年级学生提供指导，同时接受特需导师的指导，特需导师通过学校生涯社团提高对学长导师的指导力。导师制目标是实现每一位学生都有导师帮助其解决生涯规划过程中遇到的问题，特别情况由特需导师研究解决。

3. 生涯体验。它通过生涯体验课程来实现，具体包括学生校外职业实践活动、各种职业的家长职业介绍、毕业生回访谈大学专业、夏令营等。

4. 生涯品质。它以学校相关社团活动为起点，围绕“核心素养”展开，分为道德品质、领导品质、学习品质、生活品质，目标是培养有品质的学生。品质培养的重要内容是培养“学习贵族”，以领导其他学生。“学习贵族”培养分三条路径：第一，整理高校自主招生、三位一体招生的入围条件、考核内容、面试内容，有方向地发展学生生涯品质；对学生的兴趣特长进行调查，重点对学生个体进行引导；学校社团的主旨是发展学生生涯品质。总之是对学生的兴趣特长、高校的招生要求、学校社团进行一体化整合。第二，组织相应的比赛活动，并积极引导相关学生参加高校夏令营。第三，与校外相关机构合作，培育学生特需的生涯品质。

（二）三个年级的具体安排

高一：自我认知课程、生涯规划课程，学生生涯品质调查，引导学生形成高中三年的学业规划，生涯讲座（高中学习的特点、学科与大学专业的关系、高中学业课程安排、高中学业的重要时间节点、高中学业生涯发展的各种可能，学校7选3规程，等等，与学校开学第一课并行）。

高二：职业体验（两个暑假，学生实践），与生涯品质相关的竞赛（高一下学期和高二两个学期），毕业生回访（介绍大学及专业），家长介绍职业，高校老师及相关专家介绍学术经历，高校夏令营。

高三：自主招生、三位一体的一对一生涯设计与辅导。

生涯咨询贯穿高中始终，工作以预约制和坐班制结合开展。

（三）规划最后确定的过程

制定规划缺乏过程，规划实施起来会遇到更多的阻力。这并非危言耸听，甚至规划在形成过程中少了某个环节，都可能带来一些意想不到的阻力。因此，制定一个规划，尽量有一个充分酝酿的过程。我校《“四体共建”生涯规划教育项目五年规划》最后确定大致经历如下过程：

1. 起草方案。方案由教科研线起草，教科研线依托学校生涯规划教育研究指导中心起草方案，中心成员一起反复研讨，最后形成方案初稿，交由校长会议讨论，并由相关与会者详细说明这个方案制订的过程和所考虑的内容。

2. 校长会议讨论。由于生涯规划教育牵涉学校工作的各个方面，需要各分管副校长对方案提出看法，经过讨论，形成要不要实施、怎么实施以及哪些地方需要修改的意见，然后修改完善方案。

3. 中层及以上会议讨论。许多具体工作需要中层干部去落实，中层及以上的讨论环节必不可少。如果与会者有什么想法，大家可以及时了解。

4. 教师意见征集。一个方案的实施更需要教师的支持，教师支持的事情，做起来就顺畅，效率就高。在征集教师意见前，我们需要对方案做出解释，让教师明白实施这个方案的意义。

5. 规划方案定稿。最后方案定稿，在校长会议确定之后，意味着开始实施，校长会明确这个方案实施过程中的管理机制。

五、规划推进

规划如何从写在纸上到落到地上，关键是推进的力度。一个规划的推进，需要有强有力的统一领导、各处室的分工协作，但我们认为更重要的还有明晰可操作的框架，明晰的关键是内容明晰，内容明晰是其他工作安排、落实的前提。为此，我校把“四体联建”项目化为各个子项目，制定《回浦中学“四体共建”生涯规划教育项目五年规划工作框架》，具体见下表。

回浦中学“四体共建”生涯规划教育项目五年规划工作框架

年　段	子项目	具体内容及解释	落实部门
高一	学业规划课程（16课时）	适应高中学习，安排修习计划；学考选考意愿，参与社团意愿；发展兴趣特长；选择发展方向；了解7选3规则；认识发展的各种可能。	专职任教，科研线审核，教学线安排课务。
	自我认知课程（16课时）	性格特征、兴趣爱好；积极看待自己，学会表达、沟通、调节情绪的方法；树立正确的世界观、人生观和价值观，学会对自己的选择负责。	专职任教，科研线审核，教学线安排课务。
	学生特长调查	根据学生特长发展学生社团。学生社团分两类：1. 学校根据发展方向有引导发展的社团，如科幻社、科创社、创意社等；2. 学生自发组织的社团。	德育线，团委落实；科研线协助。
	学生三年学业规划书	学生在第一学期末形成学业规划书。	德育线，班主任联动，学业规划课程老师落实。

续表

年　段	子项目	具体内容及解释	落实部门
高一	生涯讲座	高中学习的特点、学科与大学专业的关系、高中学业课程安排、高中学业的重要时间节点、高中学业生涯发展的各种可能，学校 7 选 3 规程，可与学校目前开学第一课并行。	教学线提供主讲人，德育线统筹安排于开学第一课。科研线协助。
	竞赛组织（部分校外合作）	语言类竞赛、自然科学学科竞赛、创新发明、报刊发表。（生涯品质）	教学线。
高二	职业体验	两个暑假安排适当时间参加职业体验活动。	德育线、科研线。
	高校夏令营	根据学生竞赛等情况组织参加。（生涯品质）	教学线。
	职业十人谈	学生大会，在家委会中选出十位家长谈自己从事的职业。	德育线、团委，科研线协助。
	毕业生回访	组织往届毕业生回母校向学弟学妹介绍学校及其专业。可集中，可分班级。	德育线、团委，科研线协助。
	竞赛组织（部分校外合作）	语言类竞赛、自然科学学科竞赛、创新发明、报刊发表。（生涯品质）	教学线。
	专业介绍	邀请高校招生办人员做讲座。	科研线。
高三	部分竞赛组织（语言类）	目前，高三能够组织竞赛的有语文和英语两学科。（生涯品质）	教学线。
	三位一体、自主招生名单	了解哪些学生具有参加三位一体、自主招生的条件，并尽量给予每一位学生以准确定位。	教学线。
	面试辅导	针对三位一体、自主招生的面试。（生涯品质）	教学线（可校外合作）。
总体	生涯咨询室	青春加油站：生涯咨询、心理咨询、生涯探索馆。	校长室，科研线协助。
	生涯咨询团队	导师制：由生涯顾问、特需导师、学业导师、学长导师组成生涯规划教育团队，让每一位学生都有导师指导。	德育线组织，科研线培训。

按照这个框架推动、落实，在落实过程中不断探讨所遇到的问题，逐步形成执行处室具体的操作办法。当执行处室有了具体操作方法之后，规划的推进就会开始走向流畅。

六、规划实施的效果

最主要的效果是全校师生都充分认识到生涯规划的重要性，认识到高中生学业规划的具体内容。显性的效果列举如下：

（一）生涯“四体”运行常态化

生涯课程由专职教师承担，生涯咨询通过导师制推行，生涯体验由德育线、团委定期组织，生涯品质由教学线、团委分工推进，其中生涯体验包括请社会上的成功人士、大学读书的校友等介绍自己的成长发展历程、介绍大学及相关专业，定期请台州学院老师谈学术成长历程，此外，也可以利用假期，开展游学活动和职业访谈、实习等。生涯规划教育的一部分内容可与高一新生军训结合在一起。生涯品质以学校社团活动为起点，培育、发展学生特长。

（二）生涯规划教育课程化

随着对生涯规划教育认识的加深，我们开发了精品课程“高中生生涯规划20课”，以满足生涯规划课程的教学，同时给班主任组织班会课提供参考。2018年，我们在此基础上进一步开发教材《高中生学业规划22课》，该书由浙江人民出版社出版。编写组成员在近三年的高中生涯规划教育实践、思考的基础上，立足于高中教育的客观现实，并结合研究全国近30种中学生生涯规划教材，反复推敲，深入思索，最终形成了本教材。教材分为五个篇章：学习动能篇、自我发现篇、学习规划篇、学科选择篇、升学之路篇，可以满足高中生生涯规划教育的基本需要。

（三）生涯咨询服务网络化

生涯咨询服务网络化指学生可以在网上找到自己所需要的导师，每一位导师在网上都有介绍；也指生涯导师与学生对应的网络化，一个学生根据自己不同的需要可以找到不同的导师指导，解决生涯规划过程中的各种疑惑。

（四）特殊生涯咨询服务专业化

有的学生情况比较特殊，比如在7选3中，非常纠结，选什么学科学习完全茫然，或者确立了目标，又不知道怎样去实现，等等，这需要特需导师予以指导。特需导师是具有心理学、生涯规划教育专业背景的老师，他们都是学校生涯规划研究指导中心成员，可以帮助学生解决学生生涯规划中一些棘手的问题。

（五）生涯规划教育学科化

学科化指的是生涯规划教育渗透于各个学科的教学中。当学校所有的教师都具备生涯规划的意识和基本知识后，学科渗透也就自然而然了。生涯规划教育渗透进学科教学中，才能更好地发挥其育人的功能。

规划是一种具有约束力的承诺

最后我们想说的是，规划，在某种程度上说就是一种承诺，一种有约束力的承诺。编制规划的过程就是将学校对公众与社会的承诺写下来并以某种方式公开的过程，一旦我们设定了目标，明确了达到这个目标需要完成的具体任务与步骤，就应该用行动去实现这承诺。当做出一个承诺时，我们面临着必须坚守诺言的压力。明白这一点，才能够强化我们的承诺并以实际行动去履行我们的承诺。书写承诺与履行承诺完全是两回事。

我们之所以强调规划是管理的开始，规划的编制是全员的事，而不只是编制团队的事，更不是校长个人的事，是因为学校规划是学校的事，是学校对社会与公众的公开承诺。既然如此，这承诺就不可能是部分人的事，而是整个团队的事。规划的编制与执行就是团队所有成员的事，每个人都是学校组织文化建设与学校发展的力量，每个人都在参与改善具体学校的组织文化，都在日常的工作中兑现推动学校发展的承诺，或者说每个人都应该用自己的行动兑现承诺。因此，无论是规划的编制，还是实施与完善，作为管理者，我们所要做的恒常的努力就是一步一个脚印地吸引每一位师生员工参与其间，激发他们改善工作，用自己的行动参与承诺，兑现承诺。

在此，我们想借用罗宾和巴切尔在《别找理由》中的一段话来结束这一部分："伟大的工作场所因为自身独特的方法而伟大。假设有一条'最佳路径'可以让你快进到另一条控制轨迹。"我们以为，学校管理者如果能认认真真学习编制学校发展规划和兑现学校发展规划所做的承诺，就是提升管理能力的"最佳路径"！

链接

学校规划，不妨多一点“彼岸”意识

南京市锁金新村第一小学　曹海永

对于学校规划与发展，我这一年略有体会，因为这一年我来到一所新学校担任校长。古人说，“在其位谋其政”，现在很多人强调，“一位好校长就是一所好学校”，压力与动力推动着我不断思考学校的新规划与新发展。

就在我暑期报到不久，学校一位中年女教师跟我聊天时，推心置腹地说了这样一番话：“老师们都知道你从南师附小来，可能你之前一直很辛苦，但是在南师附小辛苦付出会取得很多成绩；但是在锁金新村第一小学，你可能会更辛苦，却没有多少收获，你要有这个心理准备啊！”这番话一直萦绕在我的耳畔，扎根在我的心田。

这位老师说的也是大实话，有一定的道理。我清楚地知道，在新学校推行新规划，绝不是校长“一个人的战斗”，也不可贸然“推倒重来”，这需要一个反复调研、酝酿和讨论的过程，需要一种拾级而上、水到渠成的文化铺垫与氛围营造。简言之，我们需要天时、地利与人和。

在我看来，学校的规划不能只是写在纸上，刻在墙上，不在于创造了多少新名词、新概念、新主张；而是一种承诺，一种对社会、对家长、对学生的承诺。所以，我到学校一年多时间，只在传承幸福教育后面添加了半个句子，叫“幸福教育：一种值得过的生活”。这也是总务主任催了很多次的结果，因为报告厅要做文化标识才能通过验收。由于喜欢尼采的“每一个不曾起舞的日子都是对生命的辜负”，我借用了南师大鲁洁教授在《超越性的存在》中的话：“教育本来就是面向可能性的生活，它的功能是，要为人揭示更加美好的、更值得过的可能生活。”

真正触动学校领导班子开始思考学校新规划与新发展的关键事件终于来了，作为校长，我还是有这样一种职业敏感的。那是“六一”儿童节前夕。5月30日晚上8点13分，局办李主任发来区领导“六一”儿童节慰问活动工作方案，区长、副区长确定第二天，也就是5月31日下午到我校慰问师生。教育局一把手陈局长也专门打来电话关心指导，要求做好活动准备工作。路线图是什么，重点看什么，这是陈局长给我的两个思考题。节目表演是不可能了，因为5月31日上午，我们和锁金街道联办“共享童年乐，同逐中国梦”庆“六一”暨民族团结共建进校园活动。中午20分钟，请区长看什么呢？晚上8点多的天空，还淅淅沥沥地下着雨，一如我的思绪。

在决策的一瞬间，我想还是让领导看看我们的常态管理吧。星期五下午，我们为学生开设了各种校本选修课程，就邀请领导看看我们是怎样充分利用学校场地、专用教室，组织社团活动和校本课程的吧。于是，来不及开行政会，我拨了一圈电话，主要就是让几位负责的老师知道正常活动即可。第二天的活动非常成功。特别让广大师生感动的是，区长刚从国外回来，还没来得及倒时差，但是在我们学校整整待了45分钟。区长用一堂课的时间亲历我们的校本课程和社团活动，走进课堂，参观询问，参与互动，及时勉励，既有温暖的精神鼓励，更有实惠的经济慰问，而这些都是我们迫切需要的。

活动当天，我带领领导班子成员开始研讨学校规划。学校规划，毫无疑问首先应当是课程的规划，对我们学校而言，尤其要加强社团课程规划。大家普遍觉得跆拳道、少儿舞蹈、篮球、信息编程机器人、传统手工艺、拇指琴、陶笛、景泰蓝这些课程还是散点式的，也不够丰富，需要对社团课程有一个顶层设计。在经历一个多星期的准备后，我们开始重点关注多元智能中的“语言、审美、运动、交往、探索”五个基础维度，初步形成了一份旨在培养学生语言的艺术、审美的情趣、运动的习惯、交往的能力、探索的品质的社团发展规划。

在进一步讨论规划，尤其是邀请专家指导过后，我们发现这样的课程规划似乎还只是停留在普通的工作层面，充其量顶多是把原来的校本课程分“筐”而装，更美好的想象是什么呢？那一天，我们开始关注“彼岸”，开始追寻“诗和远方”。我忽然警觉地反思：不知是什么时候，我似乎对课程缺失了必要的想象力，这是很可怕的一件事。在我原先的教育认知中，课程是跑道，更是跑出来的道路；课程是为儿童提供丰富可能的平台与载体，就像著名诗人惠特曼所说的，一个孩子每天向前走去，他看到的那个最初的东西，后来他就成了那个东西；课程是没有围墙的教育，是丰富多彩的课程让儿童每一天的日子都载歌载舞……

也许是从南师附小到锁金一小，从大班额学校到小班化学校，从名校到草校，从新街口到锁金村，我竟然在不知不觉中因为小班的“小”，而限制和束缚了课程的想象力。“虽然，我们碰到的现实是资源匮乏、人员紧张、资金短缺，但是我们不能因为眼前骨感的现实而阻碍了课程对于儿童成长的丰富可能性。”这是我和全体领导班子，包括参与研制课程规划的骨干老师们的交流。

思想和认识上发生了质的飞跃，课程规划的立意、思路也就“天光云影共徘徊”了。大家觉得我们要聚焦人的培养，要坚持课程育人，于是“金豆豆”呼之欲出，让锁金村的娃们始终牢记“是金子就要闪闪发光”，拥有金子般美好的心灵、坚韧的品质、闪光的生活、可塑的潜能；课程要传承学校“幸福教育”的办学主张，要彰显儿童立场，于是“幸福育心课、幸福旅行课、幸福光影课、幸福故事课、幸福公益课、幸福节点课”六位一体的“儿童幸福课”应运而生；儿童幸福课要充分释放儿童爱游戏、爱创造的天性——一翼指向于“金豆豆”游戏性学习的卷入状态，侧重于认知成长的幸福；一翼指向于“金豆豆”创意性活动的积极状态，侧重于社会成长的幸福……

回顾学校特色课程规划的始末，我深切地体会到：课程规划决不能等到万事俱备才开始，因为孩子的未来耽搁不起。但凡需要的课程，我们没有条件也要创设条件去做。一句话，在我看来，课程是一种生活的准备，也是生活本身。校长对于课程要始终保有无限美好的想象力，要善于给老师、给孩子们去勾画蓝图，憧憬未来，因为每一所学校都能规划和实施属于自己的特色课程。既然承诺了，就要用实际行动去实现。

“即使生活不易，我还是看到了你眼睛里的光”。作为校长，我们不妨多一点对“彼岸”的追求和思考吧。

下　篇

学校发展规划样本

无论怎样规模与类型的学校，都得编制相应的发展规划。从某种程度上说，对校长而言，管理就是规划，对任何层面的管理者而言，编制工作规划是管理的基本技能。我们认为学会管理首先得学会编制大大小小的规划。规划的文本我们认为可长可短，不拘一格，但必须具备前面谈到的基本要素（当然要根据规划的性质和类型来决定）要求。为有效地帮助管理者以及有志于从事学校管理的同仁编制一份相对规范可行的学校发展规划，本篇将给大家提供几个样本（包括学校的反思和我们的点评），供同仁们参考。

南京市江宁高新区中学五年发展规划

（2019 年 8 月—2024 年 7 月）

第一部分　学校概况与现状分析

一、学校概况

南京市江宁高新区中学位于江宁大学城玉树路 78 号，是一所占地面积 53 亩，建筑面积 3.88 万平方米，总投资 2.5 亿元，设计规模 10 轨 30 个班的公办初中校。

学校有 60 多间、近 100 平方米的超大教室，10 多个公共交流社区，3 层超级连廊，5 个“空中花园”，一流的基础设施为以后建设个性化学习空间预留了充分的可能。

学校于 2018 年秋季开始招生，现有七年级学生 256 名，八年级学生 143 名，教职员工 53 人，专任教师 48 人，其中，江苏省特级教师 2 人，市级学科带头人 2 人，市优秀青年教师 1 人，区级以上骨干占教师总数的 58%。

二、学校发展优势

1. 精良的教师队伍：学校教师师德高尚，业务精良，脚踏实地，任劳任怨，乐于学习，勇于改革；有一半以上的区级以上骨干教师，他们不仅具备提升学生学习成绩的基本能力，而且具有指导学生个性化成长的实践智慧。

2. 现代的学校管理：学校努力让每名教师和学生成为积极的自我管理者，激发和释放每个人的无限潜能，充分发挥家长在学校管理中的积极作用，营造自由、平等、民主、协商、创新的文化氛围。

3. 高标准的设施、设备：新学校的建设起点高，装备配备达到省一类标准。开放式图书馆、室内体育馆、理化生实验室、数字实验室、音乐室、舞蹈室、书法室、史地学科教室等设施配备齐全，为各类课程的开发与实施提供了充足的设备和充分的空间。

4. 大学城独特的文化资源：学校地理位置优越，人文环境良好，周边有10余所大学，为学校教育改革和让学生提前六年接受大学文化的熏陶，提供了支持和可能。此外，学校还可以利用大学实验室为学生开展多种研究性学习，帮助促进学生的全面发展。

三、学校面临的挑战

1. 在考试分数成为目前社会评价学校工作的重要指标的背景下，学校能否有勇气坚守教育规律和教育理想?

2. 学校追求“鱼”（考试成绩）和“熊掌”（综合素养）兼得的教育。可是“鱼”和“熊掌”如何才能兼得? 两者之间的平衡点在哪里?

3. 虽然教师队伍的整体素质较高，但是不同学科间教师专业发展的水平并不均衡，有些学科缺少领军人物。从兄弟学校调进的教师在教育大氛围的熏陶下已养成了自己的教育习惯，新分配的教师更注重用学生的高分来证明自己，教师的观念如何才能支持“让学校适应学生”？教师如何成为积极的自我管理者?

这些都需要我们深入思考和不懈努力。

第二部分　学校哲学

一、教育哲学

学校哲学就是学校的教育哲学，代表着学校对教育的基本理解，换个说法就是学校的办学理念。

我们确立的教育哲学或者办学理念：让学校适应学生。

教育本质上是不断满足学生的合理需求，不断提升人的自我教育水平的一段旅程。学校把学生的合理需求作为教育的逻辑起点，凡事从学生的需求的立场思考问题，商量对策，寻求突破，也就是努力“让学校适应学生”。教育不是让不同的学生成为相同的人，而是让不同的学生成为各具个性的、更好的自己。当然，“让学校适应学生”不但不排除而且应该通过学校和教师创造需求，来引领和促进学生的发展。

把“让学校适应学生”作为本校的教育哲学，既是努力追求教育真谛的一种尝试，也是对于改革当下教育存在的根本问题的回应。传统的学校教育，本质上追求的是“让学生适应学校”。我们在潜意识里都认为，只要学生能服从学校的管理，听从教师的教导，就都能成长为优秀的人才。这其实是学校和教师的一厢情愿。且不说无法保证学校和教师的价值选择都是正确的、科学的，即使如此，也很容易让应充满创造性的教育变成工业化的标准件流水线生产，从而导致教育的极度控制和高度专制，扼杀学生的个性发展和人格健全。

二、办学宗旨

“实施‘鱼’和‘熊掌’兼得的教育”是对“让学校适应学生”结果或者目标的具体表述，代表着学校的基本追求。

“鱼”是指学生的学习成绩，“熊掌”是指学生的综合素养，我们要追求两者的缺一不可和完美统一。学习成绩只是促进学生全面发展、综合素养提高的副产品，即使追求学习成绩，也要以不损害学生综合素养提升为前提，不可违背教育规律，更不能为了提高学生的学习成绩而不择手段。当然，我们在努力提高学生的综合素养时，也要思考如何让学生爱学、会学、智慧地学。

很多人认为实施“鱼”和“熊掌”兼得的教育是教育的一种理想状态，

甚至不少人认为这不过是教育美丽的空想。但如果我们只是把学生的学习成绩作为教育的终极追求，也许我们都不配把我们为学生所做的一切称为“教育”。同样，如果我们只是提高了学生的综合素养，没有办法让学生的学习成绩在原有基础上有所提高，那么学生的“综合素养”得到了提高也难以让人信服。作为一所处于江宁大学城的新学校，我们就是要努力让这种看似不可能变成可能。因为从逻辑上看，“鱼”和“熊掌”兼得也许只是教育的基本要求，还不是教育的理想追求。退一步讲，如果无法或暂时无法“鱼”和“熊掌”兼得，我们宁可舍弃“鱼”，也要把学生综合素养的提升作为教育的根本追求。

第三部分　学校文化

学校文化可以理解为一所学校的师生所共同遵守的行为准则，也就是核心价值取向。如果一定要用一句话来表达我们的学校文化，那就是“从心所欲不逾矩”。从传统观念看，“从心所欲不逾矩”也就是我校的校训。

“从心所欲”就是师生自由发展，自主管理，张扬个性，舒展生命，自由想象，自由言说，敢作敢为。

“不逾矩”就是师生要自律、慎独，任何言行都不要触犯国家的法律法规，不违反与他人协商制定的共同规则，不违背做人的基本原则和底线。

我们之所以把学校文化的核心价值确定为“从心所欲不逾矩”，是出于以下考虑。

自由是社会主义核心价值观的重要内容，弘扬和实践社会主义核心价值观是教育的基本职责。

人类社会文明和进步的历史就是不断追求自由的历史，培养具有自由能力的人是社会发展对人的基本要求。

自由是人的内在的渴望，亘古不变，在今天价值多元的信息时代尤其如此。“从心所欲不逾矩”是教育的本质追求，也是对未来人才规格的教育学表达。

坚持真理、自由多元也是大学的基本精神追求，作为处于大学城的一所初中，主动与其匹配和接轨才能充分发挥大学城文化的整体育人功能。

作为一所新学校，学校文化的核心价值追求就是学校的DNA，它决定或至少影响着未来学校的气质、精神和品位。

第四部分　学校发展目标和学校特色

一、学校办学目标

把学校建设成为与大学城文化品位相匹配，追求教育理想，坚守教育规律，面向未来的，学生喜欢、家长满意、教师温暖、令人向往的人性化快乐学校。

之所以没有用“省内一流”“全国一流”等这样的字眼来描述学校的办学目标，就是希望能淡化一点功利性，回到教育的原点来思考学校的发展；也是希望学校发展目标不那么模糊，能实实在在可测量、可感知。

二、学生培养目标

培养具有全球视野、独立人格、坚韧意志、理性精神的现代公民。

全球视野就是学生要放眼世界，视野开阔，既扫一屋，更扫天下。要善于站在别人的立场上思考问题，尊重不同的文化和习俗。

独立人格就是学生具有独立性、自主性和创造性。学生既不依赖于任何外在的权威，也不依附于任何现实的力量，追求真理，具有独立判断能力，具有独立自主精神。

坚韧意志就是不怕困难，坚持不懈，永不放弃，有忍受力、耐挫力，勇敢而坚定。

理性精神就是要自己独立思考，不迷信任何权威，得出结论、发表观点和付诸行动要按逻辑思考、判断。

三、办学特色

不同的人对办学特色有不同的理解，同样的特色也有多种不同的表达形式。我们理解的办学特色是学校独特的个性和气质。根据我们的学校哲学、文化定位和学校发展目标等的内在逻辑，未来学校的特色可能主要表现在如下两个方面。

一是教育的人性化：教育不再仅是自上而下的发号施令和程式化的机械操作，而是从每个人的需要出发，充分尊重每个人的独立人格，倾听每个人的心声，重视每个人存在的价值，激发每个人的无限潜能。

二是师生在校有快乐体验：从外部看，学校中的每个人也许都很忙，很辛苦，但他们乐在其中。教师因为能民主参与学校管理、自主发展、自由教学，所以精神愉悦，乐观向上；学生因为能充分选择、自主学习和个性张扬，身心能充分舒展，所以在学校流连忘返。

第五部分　重点工作

一、培育自由民主的文化氛围

从一定意义上讲，人是环境的产物。师生的“从心所欲不逾矩”需要自由民主环境的涵养和滋养。

（一）理解办学理念，共绘发展愿景

学校办学理念是一所学校办学的灵魂，是学校的核心追求。而学校的理念如果没有教师和学生的深度理解与积极参与，就不能对师生的言行产生积极的影响，就产生不了潜移默化的作用。我们将通过每节课的具体教育行为和日常的教育活动，不断促进师生深入理解学校办学理念的含义。在此基础上，全校师生共同描绘发展愿景，这种愿景一定是全校师生集体协商、共同制定的，这种协商过程本身也是对办学理念的深入理解过程。

（二）注重环境熏染，共培育人文化

学校建筑面积3.88万平方米，有10多个公共交流社区，3个超级连廊，5个“空中花园”，学校将把这些空间逐步建设成为完全不同于传统学校的、支持学生个性化学习的空间，让学校的公共空间发挥育人功能。一至三层（每层近1000平方米）的连廊将分别建成师生交流中心、科技中心和主题阅读空间，3号楼和4号楼的中庭将建成艺术长廊和休闲空间。

（三）发挥全员智慧，共商学校制度

规范性和科学性是管理之基。对于一所新学校而言，建章立制并且以规章办事显得尤为重要。学校将集思广益，在广泛征求教职工的建议和意见的基础上，制定《江宁高新区中学章程》《学校教职工工作基本规范》《江宁高新区中学绩效增量考核方案》等制度，明确高新区中学未来三年的发展方向。基于服务学校发展、充分调动教师的积极性和能动性的原则，全校教师、学生和家长携手共建了相应的管理制度，并将这些制度进一步细化和完善，最终通过教职工代表大会审议实施。制度包括教职工岗位职责、教学管理制度、德育管理制度、评优评先制度、职称评定制度等。随着这些制度的实施，学校逐步构建了依法治校、民主管理的运行机制。

（四）营造人文氛围，共建幸福校园

从管理的角度出发，我们倡导让教职工成为积极的自我管理者，彰显所有教职工的智慧，而不是控制教职工，让他们成为听话的服从者。在学校管理中，我们努力做到有事大家商量，出台相关制度要广泛征求大家的意见，争议较大的事情不是由行政人员，更不是由校长一人“拍板”，而是让全体教职工投票表决，以唤醒教职工的自我管理意识，提高教职工的自我管理能力。学校制定的各项制度虽有刚性要求，但是在执行中，我们还要体现柔性（即人文性）的一面，力求公平公正地对待每位教职工，让每位教职工在学校有存在感、幸福感，在生活上主动关心教职工，让他们感受到大家庭的温暖与团队的力量。当然，与此同时，学校研学、互助、和谐、温暖的氛围也需要每位教职工的共同呵护。

二、优化课程体系，改革课堂教学

如果课程结构类似于工程建设中的图纸，那么课堂教学就是具体的每个环节的施工。图纸质量和施工水平最终决定整个工程的质量。

（一）更新理念，构建适合学生自主探究的课堂

学校追求促进学生的自主发展，教师要真诚地关心学生，尊重学生，民主地对待学生。在课堂教学中，教师要更新教学理念，不仅仅关注自己的“教”，更要关注学生的“学”，明白“教”是为了“不教”的道理，要充分调动学生学习的兴趣，发挥学生的主动性。学校倡导实施“以问题为导向的自主探究式课堂”，教师应把学生的问题作为教学的起点，主张让学生自己提出问题，自由发表意见，自己解决问题，自主得出结论，自觉应用练习，使教学的过程成为学生自我探究的过程，从而提升学生的自我学习能力，涵养学生的自由精神。

（二）注重研究，整体提高教研质量

学校注重引导教师研究教、学、考，注重备课组的整体建设和对教师教学研究的支持。学校重视并引导各教研组、备课组落实并创新集体备课制度，严格遵守集体备课流程，完善集体备课环节。教师应在集体备课研课、优化课堂教学、精选作业、个别辅导等方面进行精准研究。各备课组集体备课要主题化，组内骨干教师要起示范带头作用，要引导组内教师认真学习课标、研究课堂；新教师要虚心请教、善于思考。备课组、教研组开展组内过关课、组内观摩课、校级展示课等一系列活动，切磋、交流、研讨。各学科老师要注重学生学科核心素养的培养，落实真教研，解决真问题，整体提高组内教研质量。

（三）开设满足学生发展需要的校本课程

学校依据学生兴趣和学校培养目标来整体规划设计校本课程，发挥各门课程的结构价值，从不同层面适应学生的发展需求，从文化基础、自主发展、社会参与三个方面着眼，从人文底蕴、科学精神、学会学习、健康生活、责任担当、实践创新六大素养入手，开设丰富的校本课程。校本课程具体内容

包括运动类、辩论类、文学类、阅读类、实验类、艺术类、活动类、生活类等。

（四）规范校本课程管理

规范校本课程管理包括规范校本课程的开设，以学生的需求和学校发展为主要依据；不断构建和优化备课、课程评价等制度；加强课程的过程性管理，通过开展教师和学生的问卷调查、评课等活动，了解课程开设的情况和师生需求；对于学生的过程管理，除了考勤和态度的评价之外，还将学生参与校本课程学习的情况纳入到学生的综合素养评定中。

校本课程评价力求多元化，以发展性评价为主，既评价学生的学，也评价教师的教。校本课程的开设采用“点菜”制，以学生的问卷来决定每学期开设哪些校本课程。开设过程中，采用学期汇报、过程检查、听评课、问卷等方式，实施全方位、多层次、全员化的课程评价。学期临近结束时，以课程汇报、表演、动手实践等形式作为评价依据。这样为最终形成稳定、丰富、彰显学校特色的校本课程奠定良好的基础。

（五）培养拓展校本课程师资和资源

用多种渠道培养校本课程的师资：学校注重激发教师根据自身学科特点，培训培养具有课程开发能力和特长的教师；学校还将创造条件，选派感兴趣、有潜质的教师外出学习培训；邀请家长志愿者来校开设校本课程；聘请外校有专长的教师来校指导；充分利用大学城的资源（师资、设备、场地等）丰富和拓展校本课程的内涵和外延。

三、促进教师成为积极的自我管理者

教师队伍是学校发展的第一资源，也是促进学生成长的基本前提条件。学校的教育哲学、文化追求和发展目标都依赖于教师的努力进取和创新实践。

（一）师德为先，实施“目中有人”的教育

学校的校训是“从心所欲不逾矩”，“矩”就是各种法规，就是做人准则，就是为人底线。学校将组织教师学习《中华人民共和国教育法》《中华人民共和国教师法》《中小学教师职业道德规范》等法律法规，提高教师的法律意识，摒弃一切违背师德的言行；注重学生和家长的评教工作，绩效考核中增加了学生（家长）满意度考核，并适时反馈给相关教师，提出改进意见，明确改进方向。学校倡导教师成为学生成长道路上的精神引领者，要求教师要实施“目中有人”的教育，以人为本，尊重每位学生。

（二）规划先行，明晰教师的发展方向感

学校的核心竞争力是教师队伍的素质。教师的发展，关乎到学校的现在和未来，关系到学校办学目标的实现。学校将与每位教师商讨个人三年发展规划，引导每位教师做好自己的职业规划，明晰自己的发展方向和目标；重视教师的自我发展需求，根据新学校的实际，在征求每位教师的发展意愿之后，为每位教师确定不同层次的发展目标——特级教师、市学科带头人，区学科带头人，区、校骨干教师等，并积极创设条件帮助教师完成任务；重视教师的读书、学习和培训，在专业上努力将每位教师培养成为教学的能手、育人的模范。

（三）成立教师发展班和学习共同体

学校将引导教师组成不同类型的学习共同体，以班级、教研组或者其他团队作为教师学习型组织的基本单位。学习共同体有组织建构，有目标要求，有评价方式，让每位教师发展落在实处。

根据我校的实际情况，我们将把全体教师吸纳进教师发展班或者学习共同体之中，由教导处牵头管理，让每位教师都成为学习型个人；从教育理论、课堂教学、班级管理、课题论文等方面，分模块进行学习；根据每学期不同的学习研究主题，分学科聘请区内外的教育专家作为发展班导师。切实帮助青年教师迅速成长，缩短发展周期，助推成熟教师走向卓越。

同时，学校会为教师创造条件外出学习与考察。

（四）增强内驱力，促进教师自我发展

教师发展，归根到底还在于教师自己。教师要关注自身的学习，努力做本专业的教学专家、有内涵的教育行家。教师要把读书当成一种生活方式，每月至少读两本书，定期分享读书体会；要定期反思自己的课堂教学、反思自己的教育行为。这既是提升业务水平的需要，也是提升个体内在修养、教育品质和生活质量的需要。

（五）问题导向，倡导真研究

学校倡导专业的人做专业的事。学校引导教师发现教育教学中的问题，反思自己的教育教学行为。教师要依据班级情况和学科特点，以问题为导向，做草根化的真教科研，让反思和研究成为习惯。除研课议课、读书交流、校际交流等研修形式外，针对教育教学的问题，学校将进一步发挥教师校本研修的主体性，开展“教师论坛”“班主任沙龙”“高新故事会”“家长议会”等活动，营造教师真研究的良好氛围，增强教师持续学习的能力。

四、促进学生成为积极的自我教育者

任何人都无法代替学生的自我发展，教师只是也只能是学生发展的促进者。如果学生不能成为积极的自我教育者，那就是教育的失败，也使“从心所欲不逾矩”成为一句美丽口号的外在表现。

德育工作坚持以“自主管理、自我服务”为导向，建立健全学生管理机制；倡导家校合力、全员育人，逐步形成“我为（管）人人，人人为（管）我”、由内而外的新型德育管理模式。

（一）常规管理：注重习惯，自我管理

学生的常规管理重在自我管理。教育润物无声，行胜于言，我们相信每个学生都有向善、向上、向美的天性。因此，我们不对班级学生常规做琐碎的检查，注重引导学生，帮助学生自我管理，养成良好的行为习惯；提前谋划每月的主题班会方案，激励引导学生由内而外关心身边的人和事，关心班级和学校。

（二）学生教育：注重激励，自我反思

曾子说，吾日三省吾身。教师需要根据不同的教育现象，引导学生学会自我反思，做出正确的判断和选择，从而做到“勿以善小而不为，勿以恶小而为之”。如果学生成长中出现了一些问题，重在引导他们自己认识到问题所在；犯了所谓的错误，重在引导他们认识到问题的根源所在。学生管理方面，我们主张探寻出符合学生年龄特征的管理制度，成立学生会，让学生自己管理自己；成立班委会，让学生成为班级的主人。让学生自主组织设计活动、自主组织活动、自主开展活动、自主评价活动，让他们在活动中学会反思，在活动中感悟成长，从而在活动中体验自我教育的快乐。

（三）班级工作：注重指导，自我服务

班主任队伍是学校德育工作的核心队伍，班主任也需要转变管理观念，以指导学生自我服务为主，“以人为本”，让自己的教育管理行为适应不同学生的发展需求。德育处将通过开展班主任工作案例研讨、主题班会观摩、班主任主题沙龙、班主任基本功竞赛等活动推动班级活动的课程化建设，加强对班主任工作的指导，切实提高班主任的理论水平和育人能力。全体教师要秉持“人人都是管理者”的理念，育人为先，让所有教师都能胜任班级管理工作。

（四）家校合作：注重共育，沟通理解

家校合作，形成教育合力，才能促进学生的健康成长。学校成立家委会，遇到学校重大发展问题和学生发展的重大问题，一律向家委会通报，征求家委会的意见，争取家委会的支持。学校还将邀请家长来学校为学生开设人生规划课、国学传承课等课程；邀请家长来学校参与学校的体育节、艺术节等活动；定期和家长交流教育问题、分享教育智慧；组织家长参与学校管理，全员育人。学校每学年力求确保家访全覆盖，并结合联系簿、电话、微信、qq 群等通讯方式促进家校有效沟通。

五、提高教育教学的科研水平

提高科研水平既是把教育的理想和学校的哲学变成现实的需要，也是通过不断解决日常教育教学中具体问题从而提高教育教学质量的需要。从一定意义上讲，学校教科研水平决定了学校持续发展的质量和可能。

学校将以“基于‘让学校适应学生’理念的初中办学新样态的实践研究”为主课题，统领学校的科研工作，以深化实践学校哲学，达成学校共同的愿景。

提倡各教研组以“以问题为导向的自主探究式课堂”为重点，研究校本化的课堂教学的基本范式，改变以教师讲解为主、知识学习为本的传统课堂满堂灌的教学样态。

鼓励各位教师针对教育教学中的具体问题，开展“小课题”的研究，直面教育教学中的困惑和挑战。

学校将建立一定的考核和奖励制度，支持教师开展“教师团队合作教学”“分类（分层）教学”“学生无教师教学的自主学习”等项目研究，营造崇尚研究、“八仙过海，各显神通”的教育创新氛围。

六、丰富办学形式，控制办学规模

适合的办学形式，合适的办学规模是提高办学质量的基本保障。

学校在教育局的领导和关心下，拟与高校或科研机构合作办学，就如何优化学校管理、提高课程实施质量和提高教师的整体素质等方面进行协作研究，充分发挥高校或科研机构先进理念、专业人才的引领和指导作用。

学校的规模将严格控制在每年级 10 个班，全校共 30 个班，全校学生人数 1500 人以内，以充分保障人人享有较充沛的教育空间和课程资源。

七、优化硬件设施，为学校持续发展提供保障

校园环境和教学设施是实践学校哲学、创建办学特色和提升课程实施质量的基本保障。

（一）提前谋划，面向未来

学校装备以省一类标准为依据，提前谋划装备工作。装备要求不仅齐全而且先进，与国家课程和校本课程融合起来，保证开足、开齐国家课程，也为校本课程的开发和实施提供充分的支持。通过建设学科教室、数字化综合实验室、未来教室、开放式学习空间等，支持和满足学生个性化学习的需要。

五年内把一至三层连廊分别打造成太空休闲展示舱、科技中心和主题阅读空间；把3号楼和4号楼中庭建设成为学生休闲活动和艺术展示中心；把4个空中露台建设成为教师休闲学习中心和课程基地，以满足不同师生个性发展和基本人性的需求。为学生在校的自主学习和个性化学习提供物质支持和环境支撑。争取教育局领导和相关科室的关心与支持，把学校建设成为南京市园林式校园，建设人与自然和谐相处并能体现学校哲学追求的校园环境。为学生随时随地想进行自主个性化学习提供物质支持。

（二）利用信息化手段，智能化宣传管理

做好网站宣传工作和公众号的宣传工作，畅通学校与社会联系渠道，接受社会监督和建议。教室和功能室适时升级硬件与软件，服务教学。倡导无纸化办公，寻求智能化办公信息手段，开发符合我校情况的手机App与办公软件系统。

（三）创建智慧校园，服务师生，提高工作效率

结合智慧校园的创建，提高智能化管理水平和教职工工作效率。利用信息化手段做好资产管理登记，管理好物资的使用；用好维修平台，提高工作效率，服务师生需求。

第六部分　保障系统

一、组织保障

（一）机构建设

成立江宁高新区中学五年发展规划领导小组，以校长为组长，副校长为副组长，各部门负责人为组员。领导小组每学期根据规划分解目标，统一领导；副校长负责实施；教务处、德育处、教科室、总务处、工会等处室部门具体落实；校长办公室负责联络；实现全员参与。落实校长定期检查制，对行动计划方案中目标实现情况进行阶段分析、指导、落实。努力做到团结协作，分工明确。积极推进学校各项规划、制度的全面落实，保障学校的健

康发展。

（二）队伍保障

发挥行政的核心领导作用与模范带头作用，全体行政人员要身先士卒，垂范率先，有开阔的视野，有积极的服务意识，有谋划有步骤地引领学校发展；引导广大党员脚踏实地，努力成为爱岗敬业的旗帜、提升质量的标杆、班级管理的示范和廉洁自律的表率，成为学校发展的中坚力量；全体骨干教师，要在班级管理和专业成长方面，起到引领作用，协同新教师、年轻教师共同成长。

二、制度保障

（一）建设制度文化

学校坚持以人为本，所有制度出台都要全员参与，充分调动教师的积极性、主动性和创造性。在此基础上建立各项现代学校制度，学校把师生的合理需求作为教育的逻辑起点，每项制度都从师生需要的立场思考问题，商量对策，寻求突破，努力“让学校适应学生”，提升教师幸福感。大到学校绩效工资分配方案，小到请假制度，都集合了全体教职工的智慧。只有这样，这些制度才能为学校创新发展、内涵发展以及可持续发展提供可能和保证。在规范管理的基础上，努力使管理成为一种对话、一种服务、一种激励、一种提升，促进学校的特色发展、教师的专业发展和学生的个性发展。

（二）提高执行力

在计划的具体实施阶段，学校规划管理领导小组和各部门要提高执行力。做好规划的咨询指导、检查督导和调节平衡工作，及时纠正存在偏差的管理行为，形成行政接受教职工监督、考核的工作机制，齐心协力，保障三年发展规划的顺利实施，保证五年发展规划的目标达成。

（三）加强目标管理

为保证学校各项制度能够真正得到落实，学校各部门领导工作要加强目标管理，保障目标制定的科学、实际、可操作。每学期进行细化和分解，并制订出实现目标的可行方案，经常进行阶段性的检查和评估，保障目标得以顺利实现。

三、物质保障

学校将校园的进一步绿化美化、校园文化的特色化作为校园环境建设的重要工程，让学校环境和校园文化适应学生的发展，力争适应建设未来学校的发展要求。

学校将向区教育局积极争取经费并合理配置资源，经费向教育教学倾斜，向师生学习和生活的服务空间倾斜，向特色项目倾斜。学校将加强科学预算和项目论证，提高预算的透明度和教育经费的使用效益，为学校发展目标的实现提供物质保障。

未来五年，是关系到江宁高新区中学发展方向确立和发展品位提升打下坚实基础的五年。既“从心所欲”又“不逾矩”，既自我教育、自我管理，又互相激励、共同发展，是未来五年学校发展过程中的必然选择和要求。江宁高新区中学的全体教师要与时俱进，苦练内功，开拓创新，转变教育观念，凝练教学特色，成为积极的自我管理者，提升教育教学水平，为把学校建设成为追求教育理想，坚守教育规律，面向未来的学生喜欢、家长满意、教师温暖、令人向往的学校而努力。

江苏省海州高级中学“十三五”改革与发展规划

（2016—2020 年）

2016 年 8 月学校整体迁入新校区，社会影响力、关注度不断提高，机遇与挑战并存，优势与困难同在，学校正处在转型发展的战略机遇期，本着高起点、高标准、高品质的要求，科学规划未来五年的发展。

第一部分　学校的历史和现状

江苏省海州高级中学源于 1802 年的石室书院，始建于 1906 年的海州中学堂，经历了从传统教育到现代教育的百年跨越，历史悠久，人才辈出。学校于 1990 年被确认为首批省合格重点中学，1998 年通过省级检查验收并被确认为国家级示范高中。2001 年 3 月经江苏省教育厅批准定名为“江苏省海州高级中学”并沿用至今。2003 年年底转评为省首批四星级普通高中。2006 年 10 月 19 日成功举办了百年校庆盛典。2009 年年底，顺利通过省四星级普通高中复评。2015 年 7 月 16 日新校区正式打桩，12 月 26 日主体封顶；2016 年 8 月整体迁入新校区，10 月迎来建校 110 周年。

“十二五”期间，学校不断深化教育改革，大力实施文化立校、教学强校、科研名校、名师扬校、设施兴校五大战略，在构建“教学优质化、发展多元化、办学特色化、校园现代化、环境生态化”品牌学校的发展道路上不断迈进，取得了令人瞩目的成绩。践行先进的教育理念和小班化办学模式，构建适合海中学生个性发展的教育模式，全力推行“四段式”课堂教学改革及融“基础课程、拓展课程、探究课程”为一体的课程体系，为学生的终身发展创造了良好的条件与环境，高考质量五年五大步强劲提升。

开展了丰富多彩的学生系列自主活动，拓展了学生学习领域，丰富了学生学习经历。构建了卓有成效的教师专业发展模式，以“课改、教研、师训三位一体”的海中卓越教师专业发展模式在全市引起关注，为学校良性发展创造了条件。科技、体育、艺术品牌、质量在业内产生集束效应。

学校现有专任教师246人，教授级中学高级教师4人，省特级教师5人，省“六大人才高峰”第十二批高层次人才1人，省中小学高层次人才“333工程”培养对象2人，市学术领军人才3人，市“333工程”名教师20人、学科带头人36人、骨干教师74人，市“521工程高层次人才”培养对象各层次共24人。近五年来，学校有10人获得市优秀教育园丁称号，8人入选市教科研专家库，25人入选市基础教育教学研究与评价专家库，17人次在省级以上各类教育教学比赛中获奖，125人次在市级各类教育教学比赛中获奖，127人次获得市高中教学工作先进个人称号，先后有6人参加江苏省高考命题工作。一个结构合理、业务精良、师德高尚、作风扎实、乐于奉献的优秀教师群体业已形成。现为南京大学、北京理工大学、南京理工大学、南京航空航天大学、苏州大学、南昌大学等多所重点高校优质生源基地，并先后获得了全国群体工作先进集体、教育部“九五”科研先进学校、中央教科所德育实验先进学校、省文明单位、省精神文明建设工作先进单位、省基础教育课程改革先进集体、省物理课程基地、省健康促进学校金奖、省绿色学校、省中小学党建工作先进集体、省教科研先进集体、省依法治校先进基层单位、省体育先进学校、省培养足球后备人才重点学校、省艺术教育特色学校、省中学一级图书馆、省标准化实验室、市首批名校、市教学优秀质量奖、市教学管理进步奖、市教学特色奖、市教学突出贡献奖、市“领航学校”等众多荣誉称号，赢得了社会的广泛赞誉和普遍认可。

2016年8月，学校整体搬迁到新校区。新校区位于海州经济开发区，秦东门大街以南，为民路以西，青圃路以北，占地150亩；建筑面积71720平方米，其中地上建筑面积65960平方米、地下建筑面积5760平方米；总投资约3亿元，属于政府交钥匙工程；主要建筑有教学楼、图文中心、实验楼、教师发展中心、报告厅、艺术楼、体育馆、学生食堂、学生宿舍楼及运动场等。教学区、活动区、运动区、生活区设施齐全、先进，分隔清晰，各功能区过渡自然。新校区设施配备现代化，办学硬件均达到或超过省四星级高中标准。

未来五年，是学校进入加快现代化建设进程，提升综合实力和办学效益，实现教育改革和发展水平新跨越的关键时期。党的十八大报告提出“全面实施素质教育，深化教育领域综合改革，着力提高教育质量，培养学生社会责任感、创新精神、实践能力”的战略任务，十八届三中全会提出“加强教师队伍建设，提高师德水平和业务能力，增强教师教书育人的荣誉感和责任感”，十八届五中全会提出“建设社会主义文化强国，加强思想道德建设和社会诚信建设，增强国家意识、法治意识、社会责任意识，倡导科学精神，弘扬中华传统美德”。《中共中央关于制定国民经济和社会发展第十三个五年规划的建议》明确提出要“提高教育质量，落实立德树人根本任务，加强社会主义核心价值观教育，培养德智体美全面发展的社会主义建设者和接班人。要深化教育改革，把增强学生社会主义责任感、创新精神、实践能力作为重点任务贯彻到国民教育全过程”，要“推进教育信息化，发展远程教育，扩大优质教育资源覆盖面”。《国家中长期教育改革和发展规划纲要（2010—2020年）》要求“注重培养学生自主学习、自强自立和适应社会的能力”。江苏省委、省政府提出“建设经济强、百姓富、环境美、社会文明程度高的新江苏”，要求“推进智慧教育”。

面对前所未有的机遇和挑战，学校清醒地认识到，在顺应教育改革发展与教育现代化进程中，存在着亟须解决的一些问题。新校区校园文化建设需要科学设计，整体优化；校园周边配套设施亟待跟进；课程体系建设较为落后，课程选择性难以满足学生多元发展需要；教师教育理念亟待更新，教师队伍整体水平尚待进一步提高；学科优势和特色不明显，有社会影响力的优势学科、精品学科不多；学生自主管理能力不强，学生自治机制要进一步完善；学校办学品牌和办学特色不够凸显，向高校输送优秀毕业生的数量和质量需逐年提高，学校的社会认同度和美誉度需进一步提升等。

未来五年是学校加快转型发展的重要战略期，学校在“十三五”期间必须抓住机遇，迎难而上，大力提高教学质量，全面提升学生核心素养，全力打造优质、特色教育，倾力培育优质、多元人才，全面开创学校科学发展新局面，树立海州高中新形象。

第二部分　办学理念

继续秉承“盛德厚学”的校训，坚持“为学生终身发展和幸福奠基”的办学理念，全面贯彻党的教育方针，落实立德树人根本任务，加强社会主义核心价值观教育，深入推进素质教育。坚持学生主体地位，坚持德育为先、能力为重、全面发展，提升学生核心素养，凝练学科发展优势、特色，坚持教学优质化、发展多元化、办学特色化、校园现代化、环境生态化，立足校情，具有世界眼光，面向全体学生，促进人人成才。

第三部分　发展目标

在科学发展观引领下，坚持走内涵发展之路，培养“有人文底蕴、科学精神，学会学习、健康生活，有责任担当、实践创新”品质的新时代高中生。着力营建能激发每个人的才智和创造力发挥的校园文化环境，适合每一位学生潜能充分发挥、个性全面发展的教育教学环境，适合每一位教师特色发展、卓越发展的专业成长环境；实现科学发展、优质发展、特色发展、精品发展；实现学校发展示范性、现代化、国际化；建成师有品位、生有特长、校有特色、省内一流、国内知名的现代化高品质高中。

今后五年发展分为两个阶段：第一阶段，从2016年至2017年，主要是适应新校区环境，优化育人理念，构建课程体系，科学施教，进一步完善符合新课程理念和校情的课堂教学策略，整体提升办学质量。第二阶段，从2018年至2020年，主要是深化改革，形成适合学生发展的完善的课程体系，提升品位，高位发展，提升社会影响力和美誉度。

第四部分　发展项目

一、德育

（一）规划目标

全面贯彻党的教育方针，落实立德树人的根本任务，加强社会主义核心价值观教育，围绕人文底蕴、科学精神、学会学习、健康生活、责任担当、实践创新六大素养，建立德育课程体系，形成德育系列活动。培养学生爱国爱校、诚实守信、志在卓越、锐意进取的精神品质，强化集体主义观念和竞争意识、合作意识、共生意识，练就有自信、有教养、有责任、乐观开朗、不畏挫折的心理素质，逐步形成“盛德润世，厚学至善”海中德育品牌，全面提高学生核心素养。打造平安校园。

（二）具体内容

1. 构建德育课程体系，增强德育的系统性、科学性、实效性。

2. 构建体验德育实践模式，增强德育实效。加强以班主任为主体的德育队伍建设，创建一支师德高尚、敬业爱生、乐于奉献，具有良好育人技能和管理能力的班主任队伍。加强学科教学德育渗透，寓德育于各科教学内容和教学环节之中，浓厚全员育人氛围，培养学生优良个性和健康人格。成立家校指导中心与班主任工作坊，拓展德育实施途径，优化特色育人环境。

3. 建立并完善基于现代信息技术环境的学生自主发展德育体系。探索现代技术支撑的德育途径，构建学生自我诊断、自我分析、自主发展的德育模式，建设数字化和人文化特色德育文化。强化网络德育阵地建设，增强学生是非辨别能力。

4. 建立并完善德育保障机制，丰富德育内涵。加大德育科研投入力度，提升德育层次，形成浓厚的德育科研氛围。

5. 构建以预防为主、防治结合的学校卫生健康教育管理体系，促使学生身心全面、和谐发展。

6. 构建预防和惩治“校园欺凌”的有效机制，防范校园恶性安全事件的发生。

7. 拓展提高学生艺术修养和塑造学生强健体魄的有效途径。

（三）重点发展项目

1. 建立德育课程体系，培养学生现代人格。从自然发展、人文发展、技术发展、艺术发展、身心发展、综合发展等领域建构德育课程体系，涵养学生内在精神，使学生发展成为有宽厚文化基础、有更高精神追求的人，有明确人生方向、有生活品质的人，有理想信念、敢于担当的人。将班级特色活动，包括班旗班徽设计等，学校节庆活动，包括校庆纪念日、体育节、艺术节、科技节、读书节、心理健康周、国际文化周等，以及军训与国防教育、安全教育、党校团校教育、升旗仪式及国旗下讲话、成人仪式、毕业典礼、心理健康教育、学生成长规划、社会实践课、远足活动、国学经典教育等德育活动纳入德育课程，实现德育课程化、系列化、主题化，帮助学生牢固树立以爱国主义为核心的民族精神和珍惜、尊重、热爱生命的生活态度，培养学生的现代人格。通过加强课程教材、课外活动、校园文化、社团组织等建设，丰富德育载体，拓展德育途径。

2. 以学科教学为主阵地，加强德育功能渗透。在日常教学中加强学习动机、学习态度、良好学风及品德、意志等教育，提升综合育人效果。加强课堂德育情境构建，从德育素材挖掘、教学策略等方面深入探索课堂情感体验德育的实施。开设德育选修课程，为学生提供更多选择，促进学生全面而有个性的发展。通过小组合作学习培养团结合作能力，增强责任承担意识。组织学科德育精品课程的研究和评选工作，汇编评选成果。

3. 加强班主任队伍培训、选聘和考核。激活目标考核、物质激励、精神激励、情感激励、成就激励等机制。建立班主任工作坊，定期开展各种活动，化解班主任工作压力，提升班主任工作能力，优化班主任工作艺术。

4. 探索现代媒体支撑的人文德育途径，构建学生自主发展德育模式。（1）通过学生自主规划和记录成长的方式，多元反映学生参与主题文化活动表现、社团成绩、社区锻炼、学力提高等，建立以多元评价和自主评价为原则的反思性、发展性德育自评体系，以评价和德育过程体验促进学生品德自主发展。（2）探索基于现代信息环境的具有充分交互性的德育机制，如“海中论坛”“社会关注”“你我发展”“合作竞争”“调查报告”等，营造互动数字校园环境，多方位开展系列德育活动，提高学生现代媒体素养，即具有思辨性、批判性的审读虚拟环境的眼光，具有较高的互动能力，具有有效利用、开发网络环境实现自主、健康发展的能力。（3）探索整合家庭和社区教育资源的有效机制，建设开放、多元、兼容、和谐的人文德育新途径。成立家校指导中心，发挥资深班主任（教师）、家长委员会的功能。通过师生交往、生生交往、家校交往，学习他人之所长，展现诚信和有道德的行为，使学生行动富有责任心。

5. 加强学生心理健康指导，切实提高学生处理“人与自己心理矛盾”的能力。探索基于沙盘推演、冷暖室、宣泄室、放松室等的心理教育实践研究，发挥信息技术在心理健康教育中的作用，注重学校心理健康教育与家庭教育的结合。（1）建立学生综合素质评价体系，建立学生发展指导制度，加强对学生的理想、心理、学业等多方面指导。大力表扬、宣传优秀学生，使之发挥带头、引领作用。（2）关注学生心理素质的提高和人格的健康发展，注重学生心理需求和内心体验，重点加强通过心理辅导课、个别辅导、团体辅导、心理测试、心理讲座等各种方法和途径，让学生学会在体验中感悟，在感悟中成长，从而使学生具有稳定的情绪、积极的心态和健康的情感。（3）将班主任工作坊、家校指导中心作为心理辅导载体对学生开放。将“心理健康教育活动周”活动形成课程，逐步实现学生心理档案管理电子化。

（四）基础发展项目

1. 加强实践教育研究，创新实践活动。从学科教学、心理健康教育、校园主题文化活动、研究性学习、社会实践和学生自主管理等领域开展情感体验德育实践活动，构建学校情感体验德育模式。巩固和拓展学生社会实践基地，引导学生在实践中体验，在体验中感悟，在感悟中提升，培养学生坚强的意志力、明晰的判断力和强烈的责任感。参观德育基地，凭吊烈士陵园，缅怀先烈遗志，对学生进行热爱祖国和热爱社会主义的思想教育。加强礼仪教育，培养学生斯文儒雅、沉静内敛的气质。强化学生公民意识，壮大青年志愿者队伍，传播校园文明，投身公益事业，开展具有社会影响和社会效益的社团实践活动。要求学生人人是志愿者，并以学分计入学生成长手册。

2. 提高安全与法制教育成效。坚持安全与法制教育工作制度化、常态化和规范化。举行突发预案演练活动，训练避险方法，提高学生应变突发事件的能力。探索和建立学生意外伤害援助制度，完善事故处理和涉校涉生矛盾纠纷仲裁、调解机制，依法维护学校正常教育教学秩序和师生合法权益。

3. 健全学校安全管理制度，完善学校重大突发事件的快速反应机制，推进学校公共安全视频监控建设及联网应用工作，加强人防、物防、技防设施建设，打造平安校园。

二、课程与教学

（一）规划目标

完善“盛德厚学”特色课程体系，推进基础型品牌课程建设实践，以人、自然、社会为主题，建设科技、人文教育课程系列，建设国际化特色课程。创设学生在课程上充分选择和自主发展的机制，在课程建设中促进教师专业发展，为实现“盛德润世，厚学至善”的育人目标提供智力支持。面向未来，建立科学评价体系。充分发挥教育评价对科学育人的导向作用，把促进人的全面发展、适应经济社会发展作为评价教育质量的根本标准。与时俱进，精细研究新高考方案，制定和完善与之适应的保障制度。实施“教学强校”战略，基于大数据与云服务背景下，打造以云、网、端三部分构成的智能、高效课堂。实现教学发展多元化、办学模式特色化，大幅度提升教学质量。

（二）具体内容

1. 课程体系建设。在国家（地方）课程标准基础上，进一步整合资源，对课程标准进行科学合理分解，逐步实现课程标准校本化、特色化。培养学生实践能力与创新精神，全面提升学生心理、情绪、态度和习惯等综合素质。构建学校体育和艺术课程体系，提升学生体育艺术素养，促进学生身心健康发展。围绕六个核心素养层面，完善课程体系，形成系统序列活动及评价机制。

2. 继续推进课堂教学改革。完善教学模式改革，加强实践性直观教学改革。将实践教学与学生科技活动有机结合。大力开展科技创新教育，树立以培养学生创新精神和实践能力为核心的教育观念。加大大数据与云计算背景下的教学模式探究与构建，大力推进智慧课堂建设。

3. 探索与实施新高考模式下的教学授课机制、选课走班机制、学业发展指导系统建设、综合素质特色评价体系构建等。推进基础教育质量综合评价改革。明确各学段学生发展核心素养，实施基于核心素养的教学评价，促进学生全面发展和可持续发展。进一步完善、落实教学评价机制。强化课堂教学评价，注重综合性评价和过程性评价相结合，充分发挥评价的价值判断和定向激励功能。

4. 实践和总结问题引领的智慧课堂教学策略。为学生学术、人格的发展创造课堂的多方面准备。

5. 强化校际联系与国际交流。扩大学校影响力，努力培养具有现代理念和国际化视野的卓越学生。

6. 逐年提升教学质量，逐年提升本一率。

（三）重点发展项目

1. 凸显校本特色，构建符合学校文化精神、适合学生发展的课程体系。增强课程的选择性，围绕学校“盛德厚学”的文化传统，以人、自然、社会为课程三大主题；设立两大目标，即满足学生充分发展需求，培养全面、优质、特长发展的海中人；涉及八大领域：语言发展领域、逻辑发展领域、自然发展领域、人文发展领域、技术发展领域、艺术发展领域、身心发展领域、综合发展领域。创设多元化发展环境，满足学生共性需求，尊重学生个体差异。根据学生学习认知现状及特点，在国家（地方）课程标准基础上，对课程标准进行适当分解，逐步实现课程标准校本化。高水平建设课程基地，积极开发立足校情、学情和本土历史文化的校本课程，积极开展研究性学习、社区服务和社会实践活动。将课堂学习与课外学习、统一标准与特色标准、共性发展与个性发展紧密结合，最大限度地适应学生发展需要，构建独具特色的课程体系。

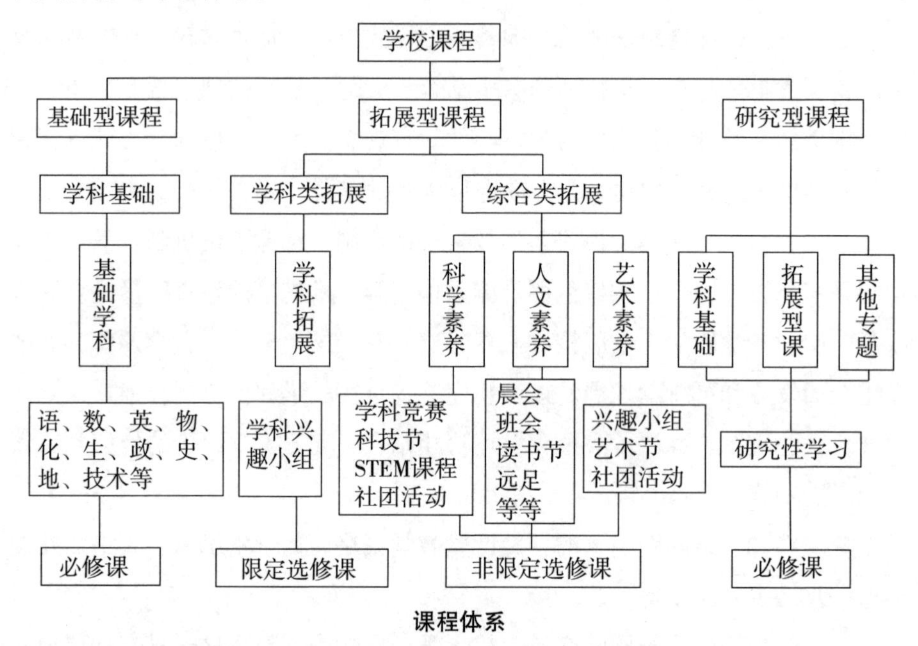

课程体系

2. 全面改进各级各类教育评价体系，围绕核心素养的六个方面（人文底蕴、科学精神、学会学习、健康生活、责任担当、实践创新）形成评价机制和考核要求，计入成长手册，构建学校特色化综合素质评价体系。注重考查学生适应社会发展和终身发展的能力，防止单纯以升学率考核学校和教师、单纯以分数评价学生。探索实行利益攸关方共同参与的开放式评价，完善评价结果公开机制。构建教育质量综合评价指标体系，把学生的品德、学业、身心发展水平和兴趣特长养成等作为评价学校教育质量的主要内容。建立学业负担监测机制，切实减轻学生过重的课业负担。

3. 努力构建具有特色的学校体育和艺术课程体系。学生人人至少掌握体育、艺术等一项专业技能。完善特长生培养规划，凸显学校足球等民族传统体育项目和优势艺术项目特色内涵；打造一支质量上乘的体育、艺术特色教师梯队；建设高水平体艺社团，提升学生体育艺术素养；推进体育、艺术课堂教学新模式建设，促进学生身心健康发展。加强体育、艺术国际化教学与训练探索实践，进一步培养学生体艺素养，培养通识型和精英型并存的体艺人才。男足、女足、篮球在省级名次要实现突破、晋级。省级以上艺术成果奖要多方面取得优异成绩；美术类高考要实现三大美院全覆盖。要在影视传媒等领域涌现高水平人才。

4. 加强新高考方案、新课程体系的深入研究与探索。高考本科达线率实现逐年递增。加强自主招生研究与课程实施。要实现清华、北大一流名校的突破。

5. 通过教师培养和激励机制，提高教师的业务能力和进取心，从而使教学水平不断提升；通过现代化教学手段的使用，提高教学效率；通过学生的鼓励和调动，提高学习的主动性；通过教学方法的研究，提高教学效度。本一率从目前的 15%，按每年 3% 以上的提升幅度达成目标。双一流大学的录取人数按每年 10 人以上的幅度逐年提升。

（四）基础发展项目

1. 建设和完善持续推进课堂教学创新的行动机制。完善信息化、国际化背景下的课堂教学实践模式，倡导师生良性互动，关注学生个性化的学习方式，以切实提高课堂教学效益、促进学生个性的全面发展、建设有效课堂为基本点，开展面向未来的教学创新实践。推进信息化背景下“问题引领”的智慧课堂教学改革，探究和构建大数据与云计算背景下的教学模式。以智慧课堂为载体，打造“以学为中心”的高效教学模式；以互联网 + 教育技术为支撑，开发我校优质的数字化课程资源；以极课学业诊断系统为平台，建立更加先进准确的教学反馈体制；实现评价反馈即时化、交流互动立体化、资源推送智能化。以宽带网络校校通、数字资源班班通、学习空间人人通和教育资源公共服务平台、教育管理公共服务平台建设为抓手，建立与教育现代化发展目标相适应的教育信息化建设体系，建立更为完善的数字化教育资源库。通过引进和自主开发相结合的途径，建设高质量、高水平课件和软件，丰富教育教学资源，实现资源共享。加强教育信息化终端建设，普及现代教师信息化办公、学习交流终端、学生信息化学习终端，实现处处能工作、随时可学习的目标。同步探索、进一步实践的策略方向：（1）在新课程教材的深度研究中改进教学；（2）在推进学科的发展中改进教学；（3）在课堂文化的构建中改进教学；（4）在信息化的环境中开展面向未来的教学创新实践。

2. 强化教学评价监测。创新评价制度，完善综合素质评价体系，为提高教学质量发挥正确导向作用。建立由教研组长、备课组长、名特优教师组成的质量评估核心小组，配合年级管委会、教学部，定期开展学情分析、反馈，引导教师善于发现和研究日常教学中存在的关键问题。由导师组成员组成课堂教学指导小组，全面跟踪课堂教学，及时反馈教师课堂教学质量。制定教学质量及学业水平评价标准，增强反馈、指导和服务功能。健全听课、评课制度，加强对课堂教学督查与指导。制定“选课走班”评价与管理机制。及时了解教师教学状态和学生学习效果，每节课每份作业至少要选择10%的学生进行课堂教学和作业评价（对教学班教师教学评价是将学生的学业成绩按比例分等考核）。加大对“选课走班”学生的管理力度，加强每班每节课通过信息化考勤。

3. 加强实践性直观教学改革。加强实验性教学、体验性教学改革，围绕教学内容重点难点，将实践教学与学生科技活动有机结合，既做中学——深化知识的理解与掌握，又学中做——增强实践动手能力，促进教学深入浅出，变难为易，减轻学习负担，激发学习兴趣。加强学生科技创新能力和社会实践能力的培养。新校区建设完成具有现代教育理念、跨学科、综合性、多功能、开放性的创新工作室、实验室建设，配置一流的科学实验设施。创新“吉余科学研究院”这一科技教育活动模式，为学生开展研究性学习、拓展性学习服务。创新科技教育，提升每年的科技节成果层次。规范科技课程管理、实施课程统整，提炼科技教育特色，将科学精神、责任意识、动手能力的培养，融入科技课程，把科技教育工作落实好。整合资源，构建多方位的学生科技创新能力培养服务体系，搭建学生课外科技创新平台，营造浓厚的科技创新文化氛围；建好一批相对稳定的科技创新实习基地，建立基地活动长效机制；建立一支具有创新精神和实践能力的科技辅导员。发挥STEM试点校的示范、引领作用。要在信息技术等学科竞赛领域，作文、英语口语大赛等领域实现数量型增长，多方位培养并输送各类人才。

4. 强化校际联系与国际交流，拓宽成才渠道。一是加强四级校际联系。加强与初中学校联系，为学校招收优质生源提供保障；加强与兄弟学校、先进学校联系，实现双赢共生；加强与国内知名高校联系，拓宽国内升学渠道；探索与国外优质高中及高等院校交流合作途径，形成“国际意识、国际知识、国际时政与交流能力”为主要内容的国际理解教育基本框架，满足学生需要，拓宽国际升学渠道。二是积极探索构建国际化人才培养体系。构建首批国际化试点班，有效地建立起国际化人才培养的机制，形成国际化人才成长的有利环境，培养大批具有国际视野、通晓国际规则、能够参与国际事务和国际竞争的国际化拔尖创新型人才，追求卓越秉性。三是培养高水平的国际化教育师资力量。培养一批有双语教学能力的教师，充分发挥外教的作用，加强国际交流。四是打造学校的自主招生指导专家。关注优秀学生升学途径的多样化，将一批有经验的、致力于研究自主招生的教师打造成专家，将人生职业生涯规划理念融入学生的志愿填报，结合学生兴趣、性格及职业潜能分析，进行院校及专业报考，从而将学生送入最适合的院校及专业，以实现考生就业和职业乃至整个人生的成功。

三、教育教学研究

（一）规划目标

牢固树立“教师即课程，教学即研究”的理念，以提高教师和学生核心素养为目标，以“三课”（课堂、课题、课程）为抓手，以“三品”（品位教师、品质学科、品牌课程）为标准，打造水平高、内涵丰的省市级优质课程基地，形成独具特色、个性鲜明的海派教师生命共同体，实现从课堂走向课程，从经验走向专业。

（二）具体内容

1. 坚持“教师发展学校，学生成就学校”战略，推进师生核心素养建设，探索发现和培养创新人才的途径，推进培养模式多样化，满足不同潜质学生发展需要，为每位学生个性而全面的发展和每位教师特色而卓越的发展提供平台。争取到 2020 年，探索出针对不同层次学生的行之有效的培养模式，以及针对不同梯队教师的专业发展推进策略。

2. 坚持教育创新的研究与实践。以课堂教学为立足点，以课题研究为载体，以研促教、以教促研，深入推进课程改革，加强与高校、教育教学研究的前沿力量的联系，聚集优质课程资源，打造水平高、内涵丰的省市级优质课程基地。

3. 积极开发校本课程。开展研究性学习、社区服务和社会实践活动，为培养有人文底蕴、科学精神、学会学习、健康生活、有责任担当、实践创新品质的新时代高中生而奠基，整体提升教师科研水平，提高教师整体素质。

（三）重点发展项目

1. 打造精品课程基地。重点加强语文、数学、英语学科建设，力争到2020年新增1～2个省级重点课程基地、4～5个市级重点课程基地。突出基地教材研发、教学推广、品牌教师辐射的核心竞争力，加强基地课程体系、教学内容和教学方法改革，把基地建设成为有特色、有影响的教学研究中心、教学成果示范中心、师资培训中心和国际国内交流中心，带动相关学科教学改革，促进学校教育教学研究工作全面提高和发展。

2. 形成有海中特色的校本课程体系。推进国家课程校本化的研究，以及教材纲要、教案及学生学案指导纲要编制，组建校本课程建设校外专家指导小组和校内评审委员会，提高教师编印校本教材层次，突出校本课程多样性、实践性、可操作性与选择性。每年开发3～4门校本新课程及相应教材纲要、教案及学生学案指导纲要。积极做好校本教材出版和使用工作。以校园网为依托，建立数字化教材共享平台，实现优质教材资源网络共享。

（四）基础发展项目

1. 完善校本教研制度。推进人人都是德育工作者和人人都是科研工作者的学校科研文化建设。进一步创新激励机制，发挥教育教学研究激励功能，引导教师从教育教学实践中发现问题，由被动研究转变为主动研究，实现“问题带动课题，教学推动研究，成果促进成长”的校本发展目标。多渠道、全方位提供有关教科研信息，扩大教师视野，提供教师交流教育研究成果的平台，建设学习型、研究型学科组，浓厚科研学术氛围。

2. 加强重点课题研究。逐年增加对课题研究经费的投入，加大课题申报培训，规范课题研究方法和步骤，指导、组织全校教师积极参与教育科研，积极申报市、省、国家级教育科研课题。高质量办好校刊。全面推进教师科研成长档案建设，关注学有特长、教有特色的教师成长，及时总结其经验并进行理论提升。

3. 拓展教育交流合作。充分利用网络平台，对教师教育教学研究过程中的问题给予及时指导和反馈，实现教育教学研究交互性和即时性，及时解决教育教学中的困惑与问题。积极参与和推动与相关高校的教育交流与合作，解放思想、创新实践，把学校建成大学科研实践基地、省市教育创新实验示范基地、大学先修课程实施基地，更新教师的理念，提升教师的教学能力与研究能力。

4. 建立科学评价体系。充分发挥教育评价对科学育人的导向作用，把促进人的全面发展、适应经济社会发展作为评价教育质量的根本标准。全面改进各级各类教育评价体系，注重考查学生适应社会发展和终身发展的能力，防止单纯以升学率考核学校和教师、单纯以分数评价学生。探索实行利益攸关方共同参与的开放式评价，完善评价结果公开机制。面向未来，明确高中学段学生发展核心素养，实施基于核心素养的教学评价，促进学生全面发展和可持续发展。构建教育质量综合评价指标体系，把学生的品德、学业、身心发展水平和兴趣特长养成等作为评价学校教育质量的主要内容。

四、教师发展

（一）规划目标

全面提高教师师德水平、人文素养、思想境界、专业能力和人格魅力。注重教师生命质量提升和精神解放，努力提高教师的职业幸福感和专业成就感，全力打造“进德修业、日日增新”的优秀教师群体。

（二）具体内容

1. 加强教师职业理想与职业道德教育。加强校党委、各级党支部的建设，增强教师的政治思想觉悟，增强教师教书育人的责任感与使命感，将师德表现作为教师考核、聘用的首要内容。采取综合措施，建立长效机制，形成良好学术道德和学术风气。

2. 加强教师发展规划与梯队建设。研究不同教师个体成长规律，结合学校发展需要，依据教师个性特点和个体优势，为教师制定适合不同情况和不同阶段的专业发展规划，为每位教师提供与学校整体教育教学目标相配套的教师个体发展指导意见，并做好相关的扶持与服务工作。

3. 加强教师自主发展的平台建设。结合学校实际情况，采取名师工作室、教研组、备课组、课题研究小组等组织形式，充分发挥名特优教师的示范引领作用，加强教研组长、备课组长的队伍建设，带动全校的科研氛围，促进教师的专业发展。

（三）重点发展项目

1. 创新教师自主发展运作载体。一是建立校内名师工作室，使之成为集学习、会议、讨论、观摩等多功能于一体，全方位促进教师专业发展的场所。二是加强校内课题研究小组的活动开展与监管，将课题研究与教育教学、课程改革结合，真正发挥其"以研促教、以教促研"的行动研究的积极作用。

2. 建立教学激励机制。一是引导教师潜心教学，强化教学业绩考核，设立校教学成果奖，培育一批教学名师和优秀教学团队。二是依托重大科研项目、重点学科和科研基地、国际交流合作项目等，强力推进省、市级教师培养基地的创建工作。三是推出各学科双语教学观摩课，培养适应国际化形势的教师队伍。四是通过评选校内名师、学科首席教师等，不断提升教师专业技能，形成特色鲜明的"海派"教师风格，为教师专业持续发展提供新能源。

（四）基础发展项目

1. 搭建教师自主发展活动平台。一是推进"青蓝工程"导师制，发挥校内名师引领示范作用，关注 35 岁以下青年教师的成长。二是推进"新星杯"青年教师基本技能比赛和"领航杯"课堂教学展评活动，高度重视教育主管部门组织的各级各类教学比赛，完善调整奖惩条例，以赛促训、以赛争优，引导青年教师快速成长。三是推进"智贤论坛"的建设，使之成为教师学习教育教学理念和分享实践研究经验的继续教育平台，特别是高层次专家报告和经验交流的平台，增强教育教学纵深探索新动力。

2. 健全教师全员培训机制。切实抓好各级各类新理念、新课程、新技术培训，引导全体教师树立终身学习观念，自觉接受高层次继续教育；鼓励教师进行硕士、博士学历进修。到2020年，努力形成人人皆学、处处可学、时时能学的学习型校园。

3. 落实名师培养工程。完善《海州高级中学教师专业发展规划》，制定《海州高级中学名师工程实施方案》《海州高级中学名师考核办法》《海州高级中学班主任队伍建设考核实施方案》，立足校内，加快“海派”名师包括“海派”班主任队伍的建设。大胆探索，创新教育思想、教育模式和教育方法，形成教学特色和办学风格，造就一批“海派名师”和学科领军人才。

五、学校文化

（一）规划目标

以“环境优美、功能齐全、恬静雅致、文化浓厚”的新校区建设为契机，整合学校与地区文化资源，担当新时代海州地区教育使命与责任，自觉担负起百年老校“盛德厚学”文化精神的传承与创新。

（二）具体内容

1. 用校本语言诠释学校文化的价值，提高学校文化建设能力，建设有历史、有文化、有精神的现代学校。

2. 丰富创新学校管理文化（校风）、教师发展文化（教风）、学生素养文化（学风），实现“为学生终身发展和幸福奠基”的文化追求。

3. 借助110年校庆，深度挖掘和阐释学校历史文化精神，培育学生思想，提升学生精神，坚定学生社会主义信仰。

4. 加强校园学生文化社团建设，引领学生在文化情景中感悟，在文化研讨中体验，在文化环境中熏陶，在文化交往中成长。

（三）重点发展项目

1. 积极跟进新校区建设，建设“学校视觉识别系统”。通过个性化、规范化、系统化视觉方案传达学校理念和精神，塑造学校视觉新形象，激发学校成员活力，并加强宣传推介。

2. 环境育人，突出显性文化。有效利用各种载体，推进校园文化建设，形成办学特色。楼堂馆所道路等命名及解读建筑物墙壁、走廊、周围装饰名人字画，图文并茂的墙壁语言，配以橱窗宣传栏，让校园建设人格化，营造“校园处处有文化”的浓厚氛围。规划设计办公、学习、生活环境；主要包括校园建筑外观装饰、环境绿化美化、人文景观建造，学校办公楼、教学楼、实验楼、图书楼的内外文化氛围营造，校园警示牌、标识牌、办公用品及师生服饰的设计应用。

3. 加强文化传播。提升校报、校刊、校园网的品牌和质量，增加其学术含量、育人功能，并以之为平台，宣传学校文化建设经验，展示学校文化建设成果，为学校文化建设营造良好的舆论环境。加强文化墙、走廊、板报、宣传橱窗等文化载体建设，充分发挥思想宣传阵地在学校文化建设中的重要作用。

（四）基础发展项目

1. 突出“盛德润世，厚学至善”的精神文化引领和“办学规范，条例约束”的制度文化建设。加强“团结、文明、勤奋、向上”的校风建设，实现信念支持、思想引领、智慧启迪；加强“热忱、踏实、严谨、创新”的教风建设，形成既独立研究又开放合作、既谦虚研讨又理性争鸣、既自成一派又合作共享的教师文化；加强“勤学、善思、认真、进取”的学风建设，培养学生正确的思想观点、科学的思维方法、良好的道德信念。

2. 加强校史研究，整合文化资源。建设开放式校史馆和校史名人馆，浓郁文化气息。建设、开发、利用好彦涵艺术馆。继续丰厚110年校史，加强与各地校友的深入联系、互访，要巩固现有校友会，发展一批相关城市校友会。

3. 加强学校文化课程研究与建设。确定学校文化课程研究与建设课题，积极探索新形势下学校文化课程建设思路与举措，将国家课程与校本课程相融合，构建校本文化课程体系，建立校本文化研究交流机制，实现资源共享，实现学校文化的传承与发扬。汇编《校史文化读本》并出版。

4. 加强学生社团建设。建立健全一套高效、灵活的动态管理体系，新增三至五个特色鲜明的省市级优秀社团，培养一批素质高、能力强的学生社团骨干，发挥优秀社团及社团骨干的辐射引领作用。以社团建设为载体，要求学生人人能选择社团，拓展学生素质，培养学生实践能力和创新精神；同时进一步健全学生社团组织机构、管理制度、导师职责，加强组织建设，使社团管理制度化、规范化、科学化。继续强化与市内外高校的联系，努力拓展学生社团活动空间，提高学术科技类社团、兴趣爱好类社团、公益服务类社团的精品数量。

第五部分　实施保障

一、规划目标

充分发挥学校党委的政治核心作用，推进学校党建工作，建设现代学校制度，实现依法办学、自主管理、民主监督、社会参与；建设一支政治素质高、思想作风正、服务意识好、工作能力强的干部队伍，一支师德高尚、业务精良、结构合理、富有活力、甘于奉献、追求卓越的专业化、现代化教师队伍和一支政治坚定、技术过硬、作风扎实、勇于奉献的教辅后勤服务队伍；实施设施兴校战略，完成融百年传统与现代化、国际化风格为一体的新校区建设，为学校实现更好更快发展提供坚强的组织、机制、队伍、资源与安全保障。

二、具体内容

（一）组织保障

切实履行党委主体责任，深入推进学校党建工作，重点抓好党风廉政及行风建设，完善教育、制度、监督并重的管理体制，着力推进干部队伍、党员队伍、后勤队伍建设；推进师德师风建设，强化民主意识，实施民主管理，推行校务公开，建立公正科学的竞争机制，促进校风建设，激发工作激情，推进工作创新；切实增强干部队伍、后勤队伍的大局观念和服务意识，为学校实现科学发展、率先发展提供组织保障。

（二）机制保障

加强现代学校制度建设，设计构建与改革相适应的规则体系，提高工作效率与效益，实现依法办学，民主管理。

（三）队伍保障

干部队伍：进一步提高班子的领导力、决策力，发挥集体智慧，深化体制改革，引入竞争机制，拓宽选人渠道，激活用人机制，全力推行干部竞争上岗制度，规范职能部门职责，探索职能部门机构设置，提高干部队伍执行力，确保主动服务、靠前服务、优质服务，提升工作效能，实现管理效益最大化。

教师队伍：坚持以新课程培训为核心内容，以提高教师素质为中心，以加强师德建设和教师学科执教能力为重点，促进教师专业发展，建设学习型团队，培养魅力型教师，努力造就一支师德高尚、业务精良、结构合理、富有活力、甘于奉献、追求卓越的专业化、现代化教师队伍。

服务队伍：服务第一，爱岗敬业、顾全大局、任劳任怨、无私奉献，处处为师生着想，廉洁自律。

（四）物质资源保障

加强学校课程基地、图书馆、创客实验室、海洋馆、心理咨询室、健身馆等场所现代化、高规格建设。坚持投入与节约并重，继续增加学校资金投入，确保学校发展所必需的物质资源；同时又要加强对学校资源的严格管理与使用，把节约放在首位，以节水、节电、节约办公经费、合理利用教育教学资源为重点，加强制度建设，完善政策措施，形成节约型的发展方式和消费模式，提高人、财、物的利用效率，促进学校各项事业可持续发展。

（五）安全保障

建立“统一领导，综合监督，协调联动”的安全工作长效机制，保证全校安全监管工作的顺畅、有效开展，在应急救援、信息通报等方面保持紧密联系和协同行动，确保校园安全零事故。

三、实现举措

1. 充分发挥学校党委的政治核心作用。宣传贯彻党的路线、方针、政策和国家法律、法规，保证社会主义办学方向，全面推进素质教育，促进学校科学发展；参与学校重要事项决策，保证和监督决策实施，推动学校教育教学工作顺利开展；加强学校领导班子建设、干部队伍建设和教师队伍建设；领导学校思想政治工作，加强和改进德育工作，加强学校文化建设和精神文明建设，维护学校和谐稳定；加强学校党组织自身建设，推进学习型、服务型、创新型党组织建设；落实党风廉政建设责任制，加强学校党风廉政建设；领导学校工会、共青团等群众组织和教职工代表大会，做好统一战线工作。

2. 学校纪委监察室切实履行监督责任，聚焦“监督、执纪、问责”，把纪律挺在前面，持之以恒地落实中央八项规定精神，推动学校教育教学工作持续健康发展。

3. 建立行政教辅后勤服务队伍培训机制。增强后勤人员服务意识和责任心，打造一支奉献型、专业化、高效能、廉洁、高水平的后勤服务队伍。

4. 完成新校区各项配套建设。按照现代化标准完成新校区的各项硬件、软件建设，建成多功能校园信息网、教育教学信息资源库和现代办公管理系统，实行学生宿舍公寓化智能化管理，把校园建成传统精神与现代文明相融合的自然生态型花园式校园。

5. 建立校产电子化管理档案系统，实现互联网上管理，加强对校产的有效使用与管理。

6. 加强学校后勤工作社会化管理。根据学校发展需要，积极探索学校后勤社会化管理，提高后勤服务水平。重点做好学校保洁、宿舍管理及食堂、超市经营管理的社会化，全面提升后勤管理水平。

7. 建立适合学校实际的教师健康发展中心，增强教师的幸福感和凝聚力。

8. 完成新校区管理使用和后勤保障各项准备工作。

附：学校“十三五”改革与发展规划序时进度

德　育

2016年：

1. 构建预防和惩治“校园欺凌”的有效机制，防范校园恶性安全事件。

2. 进一步探索班主任培训的有效途径，形成浓厚的德育科研氛围，培养建设一支过硬的班主任队伍。

3. 加强网络环境下的德育工作，强化网络阵地建设，增强是非辨别能力，强化学生核心素养培育。

4. 完善学校重大突发事件的快速反应机制，健全学校安全管理制度。

2017年：

1. 建设好心理咨询室，完善心理健康教育内容与举措。

2. 设立班主任工作坊、教师心理工作坊。

3. 完善预防和惩治“校园欺凌”的有效机制，防范校园恶性安全事件。

2018年：

1. 进一步完善构建学生自主管理、自我激励、自我提升的自主发展模式。

2. 加强网络环境下的德育工作，强化网络阵地建设，增强是非辨别能力，强化学生核心素养培育。

2019年：

1. 进一步完善音体美教学渗透德育的有效途径，进一步强化音体美教学的教育功能，形成音体美教育教学特色。

2. 完善以预防为主、防治结合的学校卫生健康教育管理体系，使学生身心得到全面、和谐发展。

2020年：

1. 形成、完善提高学生艺术修养和塑造学生强健体魄的有效途径。

2. 形成一套有效的德育课程体系。

课程与教学

（一）课程建设

2016 年：

1. 围绕八大领域，组织教师申报课程。

2. 根据新高考特征，探索选课走班制度实施方案。

2017 年：

1. 完成校本课程筛选工作，重点开发有海中特色的校本课程，编写校本教材。

2. 制定“选课走班”制度和实施方案。

2018 年：

优化课程目标、课程内容或活动安排、课程实施建议。完成一定数量校本课程的公开出版。

2019 年：

以研究性学习、社区服务和社会实践活动促进学生发展，形成特色品牌。

2020 年：

形成学校品牌课程体系和特色选课走班制度。

（二）课堂教学改革

2016 年：

以极课大数据为支撑，建立优质数字化课程资源库，打造智慧课堂。

2017 年：

建立健全网络的全面覆盖和使用管理，实现信息化办公。

2018 年：

进一步完善数字化教学资源库的内容补充和优质资源筛选。

2019 年：

继续完善数字化教学资源库的内容补充和优质资源筛选，形成可持续性更新与保障平台。

2020 年：

实现信息化办公的平台优化。

（三）评价体系探索

2016年：

建立以核心素养六大方面为指标的学生评价制度，并与学生考核挂钩，完善学生成长档案的填写办法。

2017年：

初步构建学校特色化综合素质评价体系。

2018年：

完善以核心素养六大方面为指标的学生评价制度。

2019年：

完成学生成长记录的数字化平台建设。

2020年：

形成学校特色化综合素质评价体系，打造海中特色的育人理念。

（四）教学评价监测

2016年：

1. 建立教学质量评估核心小组，配合年级管委会、教学部，定期开展学情分析、反馈。

2. 完善课堂观察员、学生评教、家长开放日等活动，更有针对性和实效性。

2017年：

健全听课、评课制度，加强对课堂教学督查与指导。

2018年：

积极发挥教学质量评估核心小组在教学诊断中的作用。

2019年：

制定“选课走班”评价与管理机制。

2020年：

形成学校品牌特色的课堂观察员、学生评教、家长开放日等评价活动和制度。

（五）科学教育与创新人才培养

2016 年：

1. 成立吉余科学研究院，高一和高二年级每个班都有成员参加，并开展丰富多彩的科技活动。

2. 组织学生开展创新发明活动，并参加省、市科技创新大赛。

2017 年：

1. 开发六门以上 STEM 精品课程，STEM 教学全面展开。

2. 积极组织学生参加学科奥赛、作文和英语口语大赛，获奖人数和级别逐年提升。

2018 年：

吉余科学研究院成为学校一大亮点，在省内有一定影响力。

2019 年：

学校 STEM 教学引领连云港市的 STEM 教学，在省内产生一定影响力。

2020 年：

1. 学生在学科奥赛、作文和英语口语大赛中的成绩在同类学校中领先。

2. 学生能将创新发明融入到学习探索中，在省、市科技创新大赛中取得优异成绩。

3. 学校创新人才培养具有一定影响力。

（六）校际文化交流

2016 年：

1. 至少与市内 10 所优质生源初中校建立可靠关系，为学校招收优质生源提供保障。

2. 至少与省内外 10 所高中学校建立交流合作关系。

2017 年：

1. 与 10 所以上国内外学校建立交流合作关系。

2. 定期与国外学校实现师生交流互访。

3. 培养高水平的国际化教育师资力量，每个学科至少培养 1 名有双语教学能力的教师。

2018年：

形成“国际意识、国际知识、国际时政与交流能力”为主要内容的国际理解教育基本框架，满足学生需要，拓宽国际升学渠道。

2019年：

每年都有学生被国外大学录取。

2020年：

培养高水平的国际化教育师资力量，每个学科至少培养3名有双语教学能力的教师。

（七）新高考研究

2016年：

研究新高考方案，结合本校学生特点，制定出可行的本校新高考应对策略。

2017年：

1. 培养学校自主招生指导专家10名以上。

2. 实现每年都有学生入围清华、北大等名校的自主招生。

2018年：

培养学校自主招生指导专家20名以上。

2019年：

根据高考形势，结合学校学生特点，不断调整制定出可行的学校高考应对策略。

2020年：

实现每年都有学生考入清华、北大等一流名校。

（八）高考质量

2016年：

本一率从目前的20%，按每年2%以上的提升幅度完成目标。双一流大学的录取人数逐年提升。

2017年：

本一率从目前的20%，按每年2%以上的提升幅度完成目标。双一流大学的录取人数逐年提升。

2018 年：

本一率按每年 2% 以上的提升幅度完成目标。双一流大学的录取人数逐年提升。

2019 年：

本一率按每年 2% 以上的提升幅度完成目标。双一流大学的录取人数逐年提升。

2020 年：

本一率按每年 2% 以上的提升幅度完成目标。双一流大学的录取人数逐年提升。

教育教学研究与教师发展

2016 年：

1. 加入省教科研基地学校。

2. 提高青年教师基本功水平，力争有两人获得省基本功大赛一等奖。

3. 加快名师队伍建设，争取 1 ～ 2 位被评为省特级教师。

2017 年：

1. 建成市教师自主发展示范校。形成教师工作坊—教师社团—教师研究院—海中教师命运共同体。

2. 建立教师专业发展综合评价系统。

3. 新建市级课程基地一个。

4. 普及智慧课堂，提升学习效率。

5. 规范校内名师工作室的运作，举行现代教育理念高端培训。

2018 年：

1. 推动与相关高校的教育交流与合作，初步建成大学科研实践基地、大学先修课程实施基地，实现大学闲置资源与学校的无缝对接。

2. 招聘 1 ～ 2 名自然科学博士，提升学校教师学历层次，引领学校教育科研高位发展。

3. 健全教师全员培训机制，抓好思想建设与终身学习理念的渗透。

2019 年：

1. 建成科学、高质量的学校教学资源库。

2. 加强与高校、科研团队的联系，提升校本教研层次。

3. 以校园网为依托，建立数字化教材共享平台，实现优质教材资源网络共享。

2020 年：

1. 探索出针对不同层次学生的行之有效的培养模式，以及针对不同梯队教师的专业发展推进策略。

2. 完善校本教研制度，进一步创新激励机制，发挥教育教学研究激励功能，实现“问题带动课题，教学推动研究，成果促进成长”的高端校本发展目标。

学校文化

2016 年：

1. 建成校史名人馆。

2. 石室书院文化墙设计与施工。

3. 云沛堂设计与装潢。

4. 建设、开发、利用好彦涵艺术馆。

2017 年：

1. 研讨“学校视觉识别系统”。

2. 学校办公楼、教学楼、实验楼、图书楼的内外文化氛围营造；校园警示牌、标识牌、办公用品及师生服饰的设计应用。

3. 加强与各地校友的深入联系、互访，巩固现有校友会，继续发展一批相关城市校友会。

4. 研发校园文化读本。

2018 年：

1. 加强文化墙、走廊、板报、宣传橱窗等文化载体的建设，充分发挥思想宣传阵地在学校文化建设中的重要作用。

2. 继续丰厚112年校史，规划设计办公、学习、生活环境。主要包括校园建筑外观装饰、环境绿化美化、人文景观建造。

3. 确定“学校视觉识别系统”，丰富校园文化内涵。

2019年：

1. 继续研发校园文化读本。

2. 建立校本文化研究交流机制，实现资源共享，实现学校文化的传承与发扬。

2020年：

1. 突出“盛德润世，厚学至善”的精神文化引领和“办学规范，条例约束”的制度文化建设。

2. 形成既独立研究又开放合作、既谦虚研讨又理性争鸣、既自成一派又合作共享的教师文化。

3. 汇编《校史文化读本》并出版。

后勤保障

2016年：

1. 完成新校区建设并投入使用。

2. 完成学校保洁、宿舍管理及食堂、超市经营管理的社会化。

3. 建立校产电子化管理档案系统。

2017年：

1. 完善新校区配套设施建设，完成图书馆、海洋馆、心理咨询室、校史名人馆、一堂三馆等建设。

2. 建立社会化管理有效考核评价机制。

3. 完善校产电子化管理档案系统，实现互联网上管理，加强对校产的有效使用与管理。

4. 增强后勤人员服务意识、规范意识和责任心，打造一支勤政廉洁、奉献型、专业化、高效能、高水平的后勤服务队伍。

2018年：

1. 完成新校区各项配套建设。按照现代化标准完成新校区的各项硬件、软件建设。

2. 实行学生宿舍公寓化智能化管理，把校园建成传统精神与现代文明相融合的自然生态型花园式校园。

2019 年：

形成一支勤政廉洁、奉献型、专业化、高效能、高水平的后勤服务队伍。

2020 年：

1. 建立一套成熟高效的社会化管理考核评价体系。

2. 实现基于互联网的学生宿舍管理和校产使用管理。

谋学校发展之事，更谋发展之实

江苏省海州高级中学　周　艳

新的时期，学校发展需要统筹规划、科学定位、协调发展、持续推进。江苏省海州高级中学在“十三五”期间，坚持以学校发展规划为战略指导，扎实开展各项工作，完成既定的发展目标，持续推进学校特色鲜明地向现代化高品质高中迈进。

规划，作为对未来一个阶段全面长远的发展计划，是对未来整体性、长期性、基本性问题的思考和考量。但是，学校发展规划不是学校推进发展的具体方案。在学校发展规划的实施过程中，我们需要根据规划实施的进度、教育的大环境、规划的实践检验等因素对规划进行选择与思考、探索与反思、调整与改进，从而客观、科学、高效地提升学校的办学品质。

我校的“十三五”发展规划树立“坚持走内涵发展之路，培养‘有人文底蕴、科学精神、学会学习、健康生活、有责任担当、实践创新’品质的新时代高中生；着力营建能激发每个人的才智和创造力发挥的校园文化环境，适合每一位学生潜能充分发挥、个性全面发展的教育教学环境，每一位教师特色发展、卓越发展的专业成长环境；实现科学发展、优质发展、特色发展、精品发展；实现学校发展示范性、现代化、国际化的目标”，规划中有很多内容充分体现长期性、前瞻性、战略性，如“开拓合作办学思路”“强化校际联系与国际交流，拓宽成才渠道”。“十三五”以来，我校重视并坚持对外交流、对外合作，已经与荷兰卡尔斯中学（Cals college）、澳大利亚奥菲瑟中学（Officer Secondary College）等国外知名高中和我国台湾地区锦和高中、南湖高中等多所学校形成稳定的交流互访机制，成为有较大影响力的对外交流项目。当然，在“十三五”发展规划实施过程中我校也有一些思考和调整，为未来制定新的发展规划及规划的实施提供了一些借鉴。

规划目标需要适应新的教育发展形势。《中共中央国务院关于全面深化新时代教师队伍建设改革的意见》中明确：“提高教师业务水平……造就一批教学名师和学科领军人才。”我校在“十三五”发展规划中，高度重视教师队伍建设“形成‘教师个人发展规划’，不断提升教师专业技能，形成特色鲜明的‘海派’教师风格”。鼓励教师多“走出去”学习提升，提高个人教学研能力。“造就一批教学名师和学科领军人才”，让我校认识到教师队伍的发展是整体的大发展，“一枝独放不是春，百花齐放春满园”。海州高级中学教师队伍的发展，不仅仅是几名特优教师撑场面，而是成长梯队体系完备的集合体；不仅是“走出去”学习，还要将活动“请进来”办；不仅靠个人单兵作战，还要重视海派教师共同体的建设，依托不同专业层次的平台。目前，海州高级中学业已拥有1个教育部名校长工作室、5个市级名师工作室、3个市级教育家型培养对象工作室、10个学科中心和一批校内名师工作室的教师成长平台、3个省级课程基地、1个省前瞻性发展项目、1个省学生品格提升工程的教师成长支撑平台，帮助每一位海中教师专业发展，并在更广阔的区域内发挥示范辐射功能。

规划目标需要结合在实施中形成的新思考进行及时合理地调整。在“十三五”发展规划中，确立德育工作的重心是细化德育工作主题。具体的举措包括充分利用德育主题月活动，夯实爱国主义教育基地、社会实践活动基地、全国百所党史教育基地的育人活动，加强礼仪教育，强化学生公民意识，壮大青年志愿者队伍，开展具有社会影响和社会效益的社团实践活动。因为定位精细，德育工作开展起来有声有色，形成了包括“311爱心牵手小组”等在省、市内外颇有影响力的志愿者社团。在德育工作深入开展中，大家愈发体会到德育工作需要一个强有力的抓手来统筹推进。在此基础上，学校开始把德育工作紧密围绕学校的文化内核，最终围绕1928年传唱至今的《海中校歌》，提炼出“坚毅、勇敢、亲爱、精诚”的学生品质，成功申报“指向‘合理人生’的‘四质品格’活动设计与实施”省学生品格提升工程，成为高品质高中建设规划中德育方面的重要项目，学生品格提升工程在实施中，将学校德育工作的队伍、社团、内容、活动、资源等统筹起来，并积极发挥辐射作用。

规划中需要明确科学适宜的时序安排。学校发展规划是一种理性思维，学校发展规划是一种参与式管理，既要有科学的规划制定，也要有科学的管理实践。我校在“十三五”发展规划中制定的具体时序进度还不够科学，以至于在具体实施中出现有些工作节奏把握不好，这给了我们再次设定时序进度以重要提示。目前，我校在每学期、每学年的工作计划中根据规划内容排定实施进程，并通过签订目标责任书、纪委加强督察来推进规划与学期、学年计划的落实。

学校发展规划是持续改进的行动，学校管理人员、全体教师在共同的学习中，不断更新教育管理的理念，磨炼卓越团队，持续改进管理思路及实践，更优质地提高教育教学质量。

一所学校没有规划，就失去了前进的方向。一所没有科学实施规划的学校，无法在发展的道路上走得更远。

创想学校：生长着的共同体

——江苏省常州市武进区星河实验小学教育集团发展规划

（2017 年 9 月—2020 年 8 月）

一、集团概况

（一）星河实验小学基本情况与发展成效

1. 基本情况。

常州市武进区星河实验小学 2012 年 10 月单独建制，2013 年 9 月投入使用，是武进区教育局直属的公办学校。2017 年 6 月更名为常州市武进区星河实验小学，组建星河实验小学教育集团。学校总资产 2.5 亿元，总占地面积 25862 平方米，总建筑面积 33550 平方米，50 个教学班，1699 名学生；公办教师 89 人，备案制教师 9 人，代课教师 21 人，本科以上学历占 100%。有 50 多人获得区级以上表彰，有 30 多人次在省级以上评优课中获一等奖，特级教师 2 名，江苏人民教育家培养对象 1 名，市区五级梯队共 43 人，高级教师 17 名，正高级教师 1 名。学校创办以来曾荣获“常州市首批新优质学校”“常州市国际理解教育特色学校”“常州市依法治校示范学校”“常州市文明单位”“江苏省首批科学教育综合示范学校”“江苏省前瞻性教学改革项目学校”“江苏省品格提升工程项目学校”“中国未来学校实验校”“全国科普示范基地”等称号。

2. 发展成效。

（1）创想教育理念：从理清到创生。

星河实验小学以学校是“对人生命的成全”为教育原点，围绕“儿童创想教育”，促进学校内涵发展。学校以“每一个孩子都是银河中最闪亮的星星”为培养目标，主张“不求第一，但求唯一”的办学理念。短短几年时间，学校以前瞻理念、独特课程与创想文化形成软实力，首次参加武进区素质教育质量评估即获得一等奖、2017 年获评常州市首批新优质学校，逐步成了地区的一张教育名片。

（2）创想课程实践：从散点到体系。

学校围绕“儿童创想课程”进行学校课程的整体建构，从零散的叠加到体系的建构，从庞杂的单个到整体的整合，形成核心课程群、协同课程群、支撑课程群的整体实践，成了常州市课程基地、江苏省前瞻性教学改革项目学校，获得第三届全国教育改革创新优秀校长奖。《人民教育》《江苏教育》《江苏教育报》和中国教育视频网等媒体先后对创想课程进行报道，出版了儿童创想课程系列成果。

（3）创想学校管理：从治理到文化建设。

三年中，学校相继制定了《学校章程》《星河员工手册》《星河教师发展手册》《星河学生发展手册》《星河实验小学规章制度》《星河教师岗位职责》《星河教职工工作流程》《星河师生安全手册》等制度规则，使学校管理逐步实现有法可依、有章可循，成功创建了市依法治校示范学校。学校致力于学校文化、学校精神、核心价值观的追求，努力构建具有星河特色的组织文化、管理文化、环境文化、教师文化，形成进取有为、积极创新、合作共赢的团队。

（4）创想平台构筑：从多元到开放。

三年中先后与高校、企业、事业单位、国外友好学校及家校之间搭建了多体的教育发展联盟，中美千校携手项目校、江苏省新学校发展联盟、苏派名校联盟、美国教育联合会基地学校、教育部校本课程项目学校、江苏省教科院基地学校、苏霍姆林斯基思想实验学校、星河 FSC 教育联合会等的成功建设，架设了多元的教育发展平台。

（二）星河实验小学分校基本情况与发展成效

1. 基本情况。

星河实验小学分校原名周家巷小学堂，创建于 1911 年，校址在观庄庵。

解放后更名为周家巷小学，原隶属于湖塘桥中心小学管理。2010 年 7 月学校独立建制，2010 年 12 月接受并通过常州市优质学校验收，2017 年 6 月纳入星河实验小学教育集团，更名为星河实验小学分校。

学校占地面积 31303 平方米，建筑面积 14898 平方米，学校有 26 个教学班，1193 名学生，在编教职工 49 名，大专以上学历教师占 100%，市区五级梯队教师 14 名，高级以上职称的占教师总数的 27%。百年的办学传统为学校发展打下了坚实的基础，学校班子和教师敬业爱岗、团结和谐。学校科技教育特色初显，办学水平不断提升。2010 年学校被确立为“江苏省机器人示范教育基地”，2014 年被评为常州市科技特色学校。

2. 发展成效。

（1）办学理念不断清晰。学校秉承教育“优质教育平民化”的办学理念，让全校来自全国各地的孩子都能得到最大化的发展，让不同家庭文化背景、不同学业基础、不同地区的每一个孩子都能享受优质教育，体现教育公平，平等接受优质教育。根据学生群体的特点，提出了“四自”育人目标，加强爱心教育，并让家长和孩子共成长。六个“百”工程的启动，多个校外基地的建立，丰富多彩的校内外活动等，让学生在同一片蓝天下健康成长。

（2）课程建设逐步建构。学校对实施的地方课程、校本课程、文化社团等进行梳理和调整，规划和设计，构建起新一轮与国家课程相匹配、体现学校办学理念、落实培养目标、支持特色培育的校本课程体系——“五色校本课程”，即“红色品德与人格”“蓝色阅读与表达”“绿色科学与思维”“紫色艺术与审美”“金色运动与健康”，让学生接受独特的文化浸润。

（3）教师群体素质提升。学校倡导教师追求单纯地教书、潜心地教研、简单地生活，一百多篇论文发表于全国、省、市的核心期刊；多位老师先后获各级教学大赛一、二等奖，在市、区级教研活动中上研讨课；市区五级梯队教师从三年前的 6 名增加到现在的 14 名，多位教师获全国、省、市、区级各项荣誉。

（三）未来三年集团亟待解决的问题与挑战

随着教育改革的深化，学校在新一轮办学实践中，面临的问题与挑战如下：

1. 建构集团的跨越式发展。分校与总校之间差异大，深入推进集团化办学任务艰巨。一是建设的制约。本部入学矛盾已经刻不容缓，分校校舍存在裂缝、漏雨等问题，食堂需要重建；分校扩建部分的拆迁还未开展，分校基础建设方案尚未论证。二是文化的规划。如何结合本部的文化品牌重新规划分校自身文化，形成集团文化？如何促进本部文化的再构、深化与融合？三是师资的配备。目前因为大量扩班，学校面临着代课教师的不稳定、部分转岗教师的不适应、生育政策带来教师的不在岗以及移民教师的价值实现等师资配备问题。四是经费的保障。因为学生人数与本部校舍地下结构等因素、分校文化的整体规划与设计、新校区的设备经费还需及早规划，经费的短缺制约集团发展。

2. 重塑教师的生活样态。教师责任感和奉献意识强，团队精神好，但是底蕴不厚、阅读不广、主动思考不够，理念到行动之间还有距离，代课教师目前有 36 位，占教师总数的 20%。集团因校区间教师自我发展需求差异，两校区之间的教师文化还存在不同，师资队伍发展尚不均衡，与形成较大比例具有一定学科素养和教学风格的师资队伍建设目标存在差距，特别是打造学科的领军型教师，实现示范引领，需要进一步引导教师明确发展目标，依托项目驱动，激发自觉发展动力，真正促进两校之间教师文化的融合。

3. 培植学生的学习方式。一是有效展开基于课程标准的教与学，基于课程标准创造优质的课堂，基于课程标准由围绕儿童差异来开展教学，最终达成“目标、教与学、评价”的一致性。二是有效展开基于“互联网 +”的教与学，帮助学生拥有这些能力以适应未来，帮助教师掌握新技术、突破自我和改革方法。三是融入创想理念的教与学，支持和促进每一个不一样的学生成就不一样的可能。

4. 深化学校的内涵发展。儿童创想课程已进行整体构建并进行丰富的实践创新，但育人目标、关键能力以及课程体系、实践策略之间的逻辑性和匹配性还需要通过梳理内化和实践，促进自下而上的创想课程关联性。如何能深化儿童创想课程的实施，提炼课改经验、形成课改成果，丰富学校内涵与质量？需要系统思考如何使办学形式更符合学生个性化发展的需要，如何让学校办学特色更鲜明。

二、发展目标

（一）育人目标：每个孩子都是银河中最闪亮的星星

形象特质：端行、好学、健美、乐创。

期待星河的学生：因为有端庄正气的品行，能自尊、自爱、自制、自强；因为主动思考、积极探索，善于提问，能形成优秀的学习品质；拥有健康的体魄和心灵，能以充沛的精力、高雅的情趣投入成长的过程；保持敏锐好奇的天性，能求知若渴，在各种体验中乐于创造。

（二）集团目标

举集团三年发展之力，一是创建一个蓬勃向上的生命共同体，把星河实验小学教育集团打造成全体师生共同的温暖家园，幸福的精神家园；二是构建一个和而不同的文化共同体，各校区秉承创想文化理念，同质坚守，异质融通，用自己的句子表达校区创想文化的样态；三是搭建一个从游而上的创想共同体，点燃每位教师的创想理念，培植每个人的创想能力，激发每个人的创造活力，打造一个受人尊重和令人向往的高品质教育集团，让师生过一种幸福而完整的教育生活。

（三）三年目标

围绕集团办学理念，形成一条主线贯穿、两大特色发展、三大主题支撑为体系的星河实验小学集团化办学格局，通过全面统整、融合资源、质量内生，从而提升学校综合办学水平，发挥集团化办学的效应，促进校区内涵发展。

一条主线贯穿：创想教育。

两大特色发展：儿童创想课程范式的实践建构，儿童品格社区的实践建构（FSC）。

三大主题支撑：教师专业团队发展建设，智慧校园建设，集团文化融合建设。

三、原则和策略

（一）教育哲学

我们以“不求第一，但求唯一”的办学理念，秉持“创想无界，心筑未来”的教育哲学，坚守“善创”的校训，以“从游”为教师文化，“天高任我飞”为学生文化，体现“创想化、国际化、现代化”的办学方针。

（二）发展原则

1. 以母体为基点的原则。

集团优质教育资源辐射的核心应当是用一种先进理念的种子不断孵育、催生先进的办学理念及一流学校管理和高素质的教师队伍。集团努力构建具有星河特色的课程体系、组织体制、管理文化和教师团队，力图把本集团建设成独特、开放、民主、和谐的未来学校样态。探索“文化引领”下的“1+N”集团一体化办学模式，完善集团的组织架构，完善教育集团校区的进出机制，充分发挥集团本部孵化器、分校练兵场的功能。

2. 文化高度建构的原则。

一方面，通过星河实验小学母体向分校子体输出先进文化的办学理念、一流管理、高素质教师，并通过与子体对话互动，在子体中找到文化生长点，并激活子体，使子体与母体融为一体，形成文化统整的态势；另一方面，母体在输出先进文化的同时，也要不断吸纳、更新、提升自身的优质品牌，从而形成更具包容性、融合度、创造力的新型集团文化。

3. 核心价值观下的儿童立场原则。

集团发展以社会主义核心价值观为引领，聚焦学校教育中的儿童立场，不断改善办学条件，高起点、高标准、高品位地规划各校区建设，使每个校区在创想教育理念下各具特质，都指向于儿童的个性培养，服务于儿童的生命成长，从而使集团规模发展和内涵发展相统一，让本集团的优质教育资源更大限度地服务于社会，满足学生、家长、社会的需求。

（三）发展策略

1. 差异式发展策略。

区域集团化办学意在整合优质教育资源，弥补校区间的发展不均衡。教育集团发展过程中遵循教育教学发展规律，各校区在创想教育理念指引下，贴合本校区现有发展的实际情况，尊重差异，凸显各校区“一校一品”的发展特色，在文化积淀中挖掘、发现、孕育、成长，逐步确立各校区自身对于集团创想教育的文化表达与学校气质，明确各校区的办学内涵，助推发展速度。

2. 快慢结合式发展策略。

集团发展尊重教育发展自身规律，尊重各校区不同的发展水平，尊重各校区教师队伍的不均衡，尊重各校区学生群体的差异性，在集团整体发展过程中，不“唯一论”开展教育教学活动，不“一刀切”设置评价机制，尊重不同校区间的发展快慢差异，鼓励每个校区在集团创想教育理念下做最适合自己校区师生的教育。

3. 内涵式发展策略。

挖掘创想教育这一品牌优势，充分依托优质资源，在集团校区教育设施设备完善的基础上更关注各校区文化的生成、内涵的丰富和品质的提升。聚焦优质教育资源的辐射稳步、高效推进；具有鲜明小文化特色的集团教师队伍的逐步形成；具有校区特质的创想课程体系日趋完善；创想化现代学校质量评价、操作体系基本形成，助推学校管理不断走向开放化、国际化和信息化，集团的知名度、美誉度不断提升。

四、任务与措施

任务一：建构“共生式”集团化办学模式

（一）内涵

“共生式”集团化办学模式，是指我们尊重集团各校区间的差异现状，建构有校区指向性的发展评价指标，秉承民主平等、文化尊重理念，在合力中助推每个校区共同发展，在并行发展中不分校区先后，在各校区的发展中互相带动，互相取长补短，互相共生共长，提升集团整体的办学品质。

（二）目标

1. 建构集团办学模式。学校内在活力、生命力的提高，学校办学实力才会提高，教学质量才会提高。强化顶层设计，实施行政驱动和价值引领，在文化建设上以“善创”为集团核心价值观。在集团核心价值观的引领下，对现有集团两校区实施链接、扩容、重组和融合，注重自上而下的政策设计与自下而上的实践智慧相结合，坚持优质导向、专业引领、主体激发、创新驱动，建构共生式的集团化办学模式。

2. 探索集团运行机制。（1）负责制：在团队建设上采用总校长负责制、管理团队完全组阁制、教师队伍柔性流动制。（2）集团分设：人力资源部、课程研发部、综合服务部、成长发展部四大部门纵向的集团管理与横向的学园管理制。同时注重集团章程等法治思维办学与文化注入的文化立校结合。

3. 培育集团教育品质。不断改善办学条件，高起点、高标准、高品位地规划各校区建设，使每个校区成为武进教育的亮点学校，从而使规模发展和内涵发展相统一，让优质教育资源更大限度地服务于社会，积极回应社会对教育公平和教育均衡的殷切期盼，办好老百姓家门口的每一所学校，让学生享受更加优质公平的教育，真正从名校集团化走向集团化名校。

（三）措施

1. 集团文化的认同到再生。集团需要经历几个阶段：一是文化认同期，通过母体向子体输出先进的办学理念、一流的管理和高素质教师；二是文化融合期，通过与子体对话互动，在子体中找到文化生长点；三是文化重构期，激活子体，使子体与母体融为一体，形成文化统整的态势；四是文化再生期，母体在输出先进文化的同时，也要不断吸纳、更新、提升自身的优质品牌。完善修订《星河实验小学教育集团办学行动纲领》，形成更具包容性、融合度、创造力的新型集团文化。

2. 发展规模的规划与统整。改善办学条件，整体规划两校区建设，实现优质教育资源共享。星河实验小学分校改扩建完工，星河实验小学本部改造扩容完成。在核心理念引领下，通过“管理体系、育人体系和资源体系”三个分支体系的整合，力求构建“三位一体的发展体系”。考虑到入学需求和矛盾的解决，我们设想是三种运行模式中选择其一；三种方式按照社会矛盾与社会需求选择其一。

发展机制规划

学　校	教师数	学生数	发展规模	班级人数	大型项目建设	困　难
星河实验小学	150 人	2100 人	60 个教学班	35	1. 将西北角的操场改造成食堂配餐间与厨房间； 2. 二楼、三楼扩建为击剑馆与空手道馆； 3. 将地下食堂扩展为学生餐厅； 4. 校园网的扩容与覆盖。	需规划局、国土局、财政局、教育局、建设局的同意。
星河实验小学分校	150 人	2700 人	60 个教学班	35 ～ 45	1. 分校拆迁、扩建、改建和维修； 2. 完善 10 规制规模的设施设备； 3. 进行整体文化规划，丰富校园环境文化建设内涵。	分校改造建设方案需要统一论证。

3. 管理机制的创生与完善。（1）共享制：坚持资源共享原则，集团努力吸纳、集聚、盘活各校区的教育资源，互通有无，优势互补，最大融合。（2）章程制：集团统一制定用于指导和规范成员校办学行为的纲领性文件，完善与创新保障集团化办学运行的理事会制度、章程管理制度，以及项目责任制、联体评价制等制度。（3）督导制：制定统一的质量标准和考核方式，集团对各成员校的教育教学活动、教师专业成长等有组织、有计划、有目的地评估和督查。

4. 优质资源的盘活与再生。一是打破校际间的“资源墙”，统筹使用集团场馆资源、课程资源，让“新校好场馆＋名校好课程”成为“集团活动新空间”；二是打破班子头脑中的“理念墙”，借助信息技术，让“名师好课例＋网络云技术”成为“集团教研新平台”；三是打破校际间“人才围栏”，变“学校人”为“集团人”，加大集团内干部教师交流力度，盘活人力资源，让总校的“老副手”与“准干部”在分校找到施展才华的空间，使“名校好品牌＋集团潜力校”，成为“人才培养新天地”，制定一系列的措施促进“优质奶源”的诞生。

任务二：创构“协同式”儿童品格社区

（一）内涵

儿童品格社区既是提升、发展儿童品格的系统，同时又是儿童自身品格实践、自我修炼、自我完善的场域。儿童品格社区的建构是模块化的，每一个模块中各有自我的体系，同时模块之间又相互融合，形成螺旋上升的整体体系。

（二）目标

1. 构建儿童品格社区的物化形态。用必备品格统领学校三阶段循环育人范式，探索其价值与目标、内容与结构、实施与评价，形成可推广的范式开发、实施的机制与实践模式。

2. 促进学校德育整体变革和内涵发展。以立德树人为根本，以促进儿童品格发展为目标，以课程、环境、资源和技术为平台，在德育理念、德育目标、课程体系、资源建设、学生评价等方面开展整体建构与实践创新，进一步以学生品格彰显学校鲜明的文化特色。

3. 指导家长开展有质量的育人活动。引导其积极、科学参与儿童教育生态建设，优化家庭育人氛围，提升家长育人水平。

（三）措施

实践路径分为：家庭（F 行动）、学校（S 行动）、社区（C 行动）三大行动。

1. F 行动：家长“时间银行行动”。

（1）家长义工服务经历。在星河实验小学，每一个孩子的家长被要求六年完成 60 个小时的义工服务：图书馆的导读、晨光爸爸、故事妈妈课程、校门口的护学岗、FSC 野外体验、绿植养护、节日活动策划、班级游学课程等都是服务的岗位。

（2）家长学校进修学历。形成家长学校进修九大模块：家庭教育的责任与理念、孩子的身心发展特点、亲子沟通的方法和技巧、孩子的身心健康指导、孩子的道德品质指导、孩子的学业策略指导、儿童朋辈交往的方法、儿童理想启蒙、家校沟通的工具与方法等。学生六年级毕业领取毕业证书，家长同样领取“满天星”家长学校 48 学时结业证书。

2. S 行动：儿童城美好生活行动。

（1）苹果学园行动。按照儿童生命成长的规律性，将六年学习生活分成了三个序列：在这三个阶段形成儿童德育课程的三个阶梯——品行，低段侧重行为习惯；品性，中段侧重性格养成；品格，高段侧重人格孕育。进一步明晰育人理念、目标、内容、结构、资源、管理等内容，共同培养端行、好学、健美、乐创的当代小学生。

（2）创想城市行动。把微型社会搬进小学校园，落实星河创想城的整体设计与规划。星河创想城里有七个社区：人文、社会、科学、体育、农学、艺术、生命学院，设计“我和自己”“我和社会”“我和未来”的三大模块，让孩子开展城管、厨师、主持人、导游等不同的角色体验，同时促进职业认知和岗位意识。

3. C 行动：社区情境体验行动。

学校与 33 个 FSC 野外基地建立了长期合作关系。这些社会资源为学生在真实情境中磨砺品格提供了在地化的场域。

（1）星期五计划。每月的第四个周五下午，学校统一组织学生走进野外体验基地。学校负责制订合理科学的课程实施方案，将基地情况与课程特色介绍给学生；每月一次的野外体验，学校都将根据课程内容和学生的年段特点设计课程项目单，采用前课程、中课程、后课程的形式进行具体实施。

（2）节假日计划。野外体验基地项目众多，比较分散，这就需要引进家长力量，利用节假日，为孩子进行个性化的课程开发。可以是一个班级的 C 行动，也可以是分小组的活动，甚至是以家庭为单位的 C 行动。

任务三：创生“集群性”儿童创想课程范式

（一）内涵

“集群性”儿童创想课程是以创想为价值取向的课程；是结构化、体系化的，具有真正的课程意义的课程；是由集团内的各校区共同创生的，具有一定差异性的课程范式。而“集群性”儿童创想课程范式就是初步建构的一种模式，是一个不断完善、不断建构的过程，是需要努力达成的目标。

（二）目标

1. 建构儿童创想课程的实践范式。形成创想课程学习情境，构建儿童创想课程体系、实施形态与策略、评价方式，形成相应的实践范式。

2. 创生儿童创想联盟的共生样式。儿童创想课程范式为其他学校的普及提供参考样本，促进集团、地区及更大范围儿童创想素养的发展。

（三）措施

1. 课程理念的再跃升：开发创造潜能，培养创新精神。

从价值取向上来说，创想课程是通过课程的学习培养学生创新精神、创造能力和实践能力的，创想的理念应该渗透在所有课程的学习过程中；通过课程学习开发学生的创造潜能；创想课程的范式主要体现在学习方式的变革，在处理好接受性学习和发现性学习的同时，更加重视发现性学习，那就是体验、发现、探究、问题研究、合作、批判性思维；在整个课程架构中，开设的一门专题课程，就叫“儿童创想”，培养学生的创新能力。

2. 课程体系的再建构：横向模块成列，纵向递进成序。

课程目标与国家要求、学校育人目标相结合，基于标准教学与基于关键目标相结合；儿童智能风格与学段创想素养指标相结合；课程内容基于儿童学习科学，从科学认知、科学方法、科学精神三个维度形成创想课程群落；课程方式注重从规定式的课程转变为融合式的课程、从单科推进到复合式课程群、从书本的静态知识到动手动脑的实践课程。

3. 课程情境的再设计：时时可创想，处处可创造。

一个基于儿童、基于创想的整合的学习环境，整合了物理的、社会的、信息的和技术的多个层面与维度，重新设计学校教育的物理情境、语言情境、人际互动与文化情境。深化设计泛在化的创想情境、自组织的学习环境、自在化的问题场境、共享化的学习资源、开放式的学习时空，真正让情境促进儿童好奇心、想象力、创造力的培育。

4. 儿童学习样态的再深化：用适切儿童的方式教与学。

侧重不同学段学习方式的研究。第一学段，探索线上线下游戏化混合学习方式。依托教育部的小学语文混合学习的项目，挖掘游戏化学习资源、学习课程，研究游戏化学习模式、思维方式、学习评价。第二学段，采用“问题学习四驱车”学习模式。该模式包括四个基本阶段：一是发现，用质疑、批判性思维明晰要解决的问题；二是筹划，组建学习共同体，确定要探究的步骤；三是实施，采用认知学徒制的方式共同探索；四是评估，聚焦研究学习，多元主体评价。

深化星式课堂学科建设研究。从低、中、高分段研究，通过创想力的结构、要素、指标的研究，与之相结合的课程目标、内容、实施，从局部试点到整体推进，再到深化改革；研发星式课堂各学科的基本模型与评价标准，形成星式课堂普适性模式与个性化范式。语、数、英、科学四大学科先行。语文学科：基于性别差异的阅读指导策略研究；数学学科：基于三个关键期的学习风格研究；英语学科：基于信息技术支持的听说能力研究；科学学科：基于 PBL 理念的项目化学习研究。根据各学科特点，以学科为单位确立项目，设计项目实施方案；通过前期培训、工具开发、课堂观察、基于实证的典型课例分析，总结提炼相关课堂教学策略。

5. 课程评价方式的再优化：发现每一个孩子的智能。

根据学生年龄特征、智能差异和学习风格，根据课程内容特征、表现形式和素养要求，序列推进。探索如何通过过程性、数据化、个性化的课程评价工具、方式、效度的具体路径。

6. 课程研究成果的再彰显：共画一个创想的同心圆。

理念融合，立体构建。将心理学、课程论、教学论结合起来，吸纳脑科学、现象学、行为学的理论，从儿童创新素养培育的视野中研究儿童好奇心与想象力、创造力激发的实践成果。联合儿童创想教育联盟共同研究，并将成果辐射迁移到集团与联盟学校。

任务四：培育“创造型”教师发展样态

（一）内涵

集团聚焦教师团队的生长样态，重视教师的一般性素养，更注重提升教师的创造性素质；重视教师一般性发展路径措施，更关注研究教师特有的成长样态，即以创造为样式的生长样态。在教师团队从游文化建设中形成共同的价值观，从创想教育价值认知到价值认同，从而形成星河教育集团教师特有的价值行动。

（二）目标

1. 培植“创造型”教师的特质：慈爱、博雅、敏锐、善创。

做和蔼敏锐的老师，宽容学生错误，善于捕捉细节；做有童心童趣的老师，关注儿童世界，尊重学生差异；做有生活情趣的老师，懂得营造精神家园，努力达到人生的丰盈和内心的舒展，对学生潜移默化地进行全方位的人格培养与陶冶；做有智慧善创造的老师，发掘创造火花，创造教育时机。学校的教育高度，是由教师群体的道德境界、学问水平和生活方式决定的。

2. 打造进取的星河团队：融入者生，合作者赢。

通过“合作·共生”项目，增强学校各类共同体（备课组、年级组、课题组、项目组）和教师整体队伍成员间的融合度；促进教师对学校办学理念和文化的认同感；通过“有光书院、名师工作室”等载体，以优化骨干教师、青年教师专业能力为途径，通过机制创生、平台搭建、文化浸润，促进教师的学习力、课程力、研究力、合作力、担当力的提升。

（三）措施

1. 深构“有光书院”共同体。

（1）机制——通过教师梯队、个人规划、校本科研机制的建立和管理，促进提升各层次教师专业发展，增进团队成员间的情感交流。

（2）阅读——突出专业阅读，每名教师每年要读 10 本以上的书，采用各种方式进行读书交流，让阅读真正成为一种生活方式。通过“明师之蕴”读书活动、教育教学专题论坛、示范课、研究课、比赛课、网上教研，专家指导等学习活动，引导教师为提升自己的人文素养、文化底蕴而学习，为提高自己的专业技能、解决教学中的问题而学习。

（3）培训——用分层式、分享式的团队培训方式，校本培训中加入心理辅导元素，通过团队拓展等活动，增强团队凝聚力。鼓励青年教师运用数字化新技术，实践和创造教学新策略，引进观念，智慧碰撞，引领教师互助成长，团队共进。

（4）科研——成立教师发展的六大项目行动小组与十大名师工作室，围绕各项目的特点，开展教育教学科研管理。以省市区级课题的申报、立项、研究、结题、推广等为切入点，开展课题的规范化管理。明确价值定位，突出“群体性、学科性、草根性”特征，处理好点、线、面关系，培育教师科学思维、研究态度、反思习惯，养成良好的职业习惯。

（5）培养——三个不同教师层次的培养：振翅组、展翅组、飞翔组。振翅组成员主要是新入职的青年教师；展翅组面向走在发展快车道上的骨干教师；飞翔组重点吸纳已经具有一定影响力的骨干教师和学科带头人，为他们的发展提供个性帮助。

2. 教研组与教研组长的回归。

（1）寻找学科领袖。培养称职的教研组长，教研组长需具备“三力”：一是要有凝聚力，组长应是全组教师情感生活的贴心人，用自己情感的力量把大家凝聚起来。二是要有感召力，组长应是学科建设的领袖，具有组织协调领导的人格魅力。三是要有影响力，组长应是本学科的学术权威、学校学术的标高，组长的影响力决定学校学科的影响力。

（2）以学科规划为杠杆。以三年规划的制定和实施作为建设的载体，每个学科都是自己制定规划：学科教研组现状分析，分析内容包括教师状况、本组的优势特色和弱势弱项等；三年建设目标，包括组风建设、课程开发、教学质量、教师个人专业发展目标及档案资料等；主要措施；年度目标等。每年学校都要以组为单位，对各组目标完成情况进行考核。

（3）创建学科教研中心。三年按照分规划展示、先进集体评选、达标表彰三个阶段进行。三年后，如果评估达标，就授予“学科教研中心”的称号，教研组长命名为中心主任；学科教研中心创建工作包括信念作风、学科宣言、课程教学、校本教研、专业发展、知识管理等。

3. 重构以研究为重点的教师专业生活方式。

教师专业成长聚焦关键词：研究，倡导以研究为核心，建构教师群体的学习样态、合作模式和实践组织，以课程开发和课堂有效教学为重点研究内容，以教学案例研究为基本的研究方式，以教学质量的提高和教师专业发展为目的，提升和优化教师教育价值观。教师人人要做到：一是积极提升学历与学力，能够用仁爱和善良之心对待所有人，与学校、同事、学生、家长、社区人员和专家之间建立和谐关系并广泛合作。二是努力成为学科代言人，拥有“2+1”课程实施能力，即两门国家课程与一门创想课程，成为通才与专才的结合体。三是要有“本领恐慌”的压力，要有“敬业＋专业”的职业精神，通过持续学习来实现自我保值与升值。

4. 撬动教师评价机制。

集团创新教师管理制度，积极营造自由的教师成长氛围，借助团队力量给予每位教师向上飞翔的成长气流，促使每位教师奋发有为。一是深化奖励性绩效制度改革，积极探索以岗定薪、岗变薪变、多劳多得、优劳优酬分配办法，形成重业绩、讲贡献，向高层次人才和重点岗位倾斜的分配激励机制。二是建立个人重绩效、团队重合作的考核评价制度，优化岗位设置方案，使教师考核工作制度化、规范化、科学化。三是修订校内骨干教师、星级教师、特色教师及校内评优机制，实施学科责任人和青年教师培养提高方案。

任务五：深化“智能性”数字化校园

（一）内涵

以教育信息化促教育现代化，形成与全省教育现代化发展目标相适应的教育信息化体系，建成智慧教育技术环境，形成智慧教育管理服务体系，教育教学模式和学习方式发生深刻变革，形成新的教育生态。

（二）目标

1. 建设智慧校园环境。

智慧校园环境建设将重点实现无线网络全覆盖，实现本部网络的全线改造与分校新校舍网络的整体架构，新建两校区创新实验室（完善本部的“STEM+”教室、新建分校的未来教室），改建两校区的学科教室，新建校区的数字化书香校园系统，普及应用移动学习终端，升级新型教学场所。

2. 实现智慧校园管理。

瞄准教育管理精准化的未来学校管理方向，依托星河实验小学教育集团网站，建成星河教育云服务中心和教育管理创新支持服务平台，打通与学籍网、继续教育网站、资产管理网站等上级网站的联通，更好地使用内部管理OA平台，形成科学合理的数字化管理。

3. 改变课堂教学模式。

信息化建设的最终目的是改变学生的学习方式，依托“星式课堂”的打造，重点推进选修系统的建设与使用，网络课程、微课等精品资源建设，建成星河智慧学习广场，深化网络学习空间的应用。

4. 提升师生信息技术素养。

让每位教师都能运用现代化教育技术，实现先进的教育思想、方法与信息技术深度融合，使教师在课题研究中拓宽信息化视野；积极参与信息方面的各项比赛，使师生在竞赛中超越自己，提升信息素养；注重信息技能的日常微培训与使用，使师生过一种先进的数字化生活。

（三）措施

1. 理念提升行动。

星河实验小学教育集团要在教育与数字化管理上进一步提升，通过课程、课堂、课题的研究与实践，向教师、学生、家长推广普及未来教育和智慧校园的科学理念，实现以下理想状态：（1）让儿童站在技术前面；（2）技术尽量简单，为人服务，为教育服务；（3）实现传统技术与现代技术的深度融合。

2. 优质数字教育资源建设共享行动。

一是用好上级数字教育资源公共服务平台。启用市 2017 年新启动的“数字化学习平台”，继续进行“一师一优课”活动的推进。二是建设星河优质数字教育资源，到 2019 年，基本建成以网络资源为核心的教育资源与公共服务体系，在校园网上开辟“星河学习广场”专栏，遴选和开发多个学科工具、应用平台和虚拟仿真实训实验系统。三是在新校区建立“数字化书香校园”系统，绘制星河师生阅读地图，形成师生阅读大数据档案。四是制定星河校本化资源审查与评优标准，为星河学子享受优质数字教育资源提供方便快捷的服务。

3. 信息化环境建设与提升行动。

一是严格执行标准化建设。采用政府推动、示范引领、重点支持、分步实施的方式，推动两个校区实现基础设施、教学资源、软件工具、应用能力等信息化建设与应用水平全面提升。二是强化分校的信息装备建设，三年内完成市装备示范学校。三是开展教育信息化建设的创新探索，建设一批教育信息化创新项目，进行“青果在线促进教与学的方式变革的研究”和“数字化环境下‘STEM+’课程的开发与实践研究”两个课题，探索信息化对教育改革和集团化办学影响的新思路、新方法与新机制。

4. 管理信息系统建设行动。

一是配合完成上级教育管理基础数据库和信息系统，建设网络信息安全与运行维护保障体系。二是推动学校管理信息系统建设与应用。制定学校管理信息化标准与要求，开发办公与评价软件，推动全集团的信息化管理。三是实现系统整合与数据共享。在校园网二次改版的基础上，建立数据采集、交换共享、管理与应用的技术平台，建设纵向贯通、横向关联的教育管理信息化体系。

5. 可持续发展能力建设行动。

一是实施教育技术能力培训。实施学科教师、管理人员和技术人员的教育技术培训。参与建设省市级教育技术能力在线培训平台和网上学习指导交流社区。二是参与教育技术能力竞赛，使师生在竞赛中拓宽视野，增强技术运用能力水平。三是深入改革课堂教学。研究信息技术与课程、与教学的深度融合。每学期都进行数字化学习的专项研究，实现信息技术与课程融合面上的推广，线上线下学习成为“星式课堂”的常态。

任务六：打造“支持型”综合服务体系

（一）内涵

支持型服务体系就是提供公共设施、设备、资源和服务。这意味着：综合服务部服务范围覆盖的是全体学生和教职员工，而不是某一群体；服务的对象是师生参与各项教育教学活动和日常学校生活；服务的手段是提供设备、设施或资源；服务的目的是为师生员工更高远的成长“提供和创造条件”。

（二）目标

1. 创建环境生态支持体系：打造校园基础性硬环境，运用生态学的基本原理与方法规划、设计、建设、管理及运行，做到人与自然关系和谐，各事物布局、结构合理、环境质量优良。物质、能量、信息高效利用、环境友好，能集学习、工作、生活、休闲功能融为一体的人工生态系统。第一，提供有益健康的校园环境，并提供高质量的生存活动的小环境；第二，减少能耗，保护环境，尊重自然。

2. 打造儿童成长支持体系：从安全、儿童个性等角度出发力争为儿童打造一个充满趣味的学与玩的体验天地。比如去边角化设计、个性可调节式课桌椅、无毒无刺景观植物等细节。（1）有趣的儿童文体设施：进行定期不定期的调查访谈，从调研反馈的玩乐设施匮乏的现状出发，进行相关设施设备的添置。（2）有识的人文熏陶体系：为孩子们提供具体可感、真实可触的体验式交往环境，打造自然交往友好互动的儿童社区。提供人文化的资源环境、互动式的交往体系和多元化的评价机制，让儿童不断在学校中体验“小学”中的“大学”。

3. 提升教师生活服务体系：“家美”，注重营造校园美的环境，处处营造家文化的环境布置；“家和”提供“爱”的服务，美化家庭成员的心灵，不管是教工、学生还是职工身居其中，自在和乐地参与“家庭”氛围般的各种佳节文化工会活动，每一个成员才能分享家的温暖；“家兴”提供合理化建议平台，不断促进家的时代性发展，让学生在学校这个“家园”中健康成长，让教师在这个温馨和谐的“家庭”里努力工作。

4. 建立经费保障支持体系：努力做到经费审批和运用的开源与节流，构建两者之间的有机平衡。建立合理有序的人脉结构，实现和谐运转。科学节约，降低后勤运作成本；加大管理力度，科学延伸财务功能；完善经费监管机制，促进经费合理高效使用。以平时积累记录，与时俱进了解教育动向，充分做好每年预算结算，争取更多的资源，构建物型化环境、体验式生活情境学习、网络化安保为主要特征的和谐校园。

（三）措施

1. 体验式学习物型环境的构建。（1）后勤基础保障方面：做好各项设施建设、设备、物品采购、补给，做好环境卫生，为学校的正常运行提供基础性保障。（2）安全环境方面：网络化安保的打造。充分梳理总结好现有的人防、物防和技防“三防”的经验，同时不断跟进新环境下安保的动态，把智慧应用等在安全保卫方面加以实现。以数字化、网络化提升安全的及时应对性和防范性。学校物理环境的构建需要挖掘和创建环境的文化价值、打造和养成适切的环境行为、尊重和发挥“现实的人”的主体能动性。

2. 精致化服务的提升。（1）对内服务：充分用好服务团队资源，努力提升服务物性和精神方面的品质，提升素养，努力为师生提供温馨家园的感受。（2）对外接待：树立名片品牌意识。提前介入，迅速到位，主动联系沟通，接待前期了解对象的基本情况、基本要求，对准备工作进行仔细确认，不断提升审美等各方面的意识与能力，精心组织，周密安排。

3. 健全经费保障机制：在积极筹措资金以后，做到精准化投入，对学校经费实行项目化模式管理，对各级各类项目资金的投向、使用和效果进行“全天候”监管，不断推动经费管理由“粗放型”向“精细化”转变。实行申报用途、督查进度、检查核实；务求专款专用、专项管理，每笔资金的用途用法、分配结果做到全程公开，切实保障群众的知情权和监督权。纪检、监察、财政、审计等部门采取事前、事中、事后相结合的全过程监管工作模式，建立多层次、全方位、多形式的监督管理机制。

五、规划保障

（一）组织保障机制

学校成立“三年发展规划”领导小组，全面负责规划的制定、论证、落实、考评等环节实施。在具体实施中，做到目标明确，职责分明，责任到人，落实到位，保障规划的顺利进行。成立星河实验小学教育集团规划监督评估小组，小组由学校领导、家长委员会代表、教代会代表、校外专家、社区领导五部分人员构成。通过监督，评估规划的执行程度，加强规划的过程管理，及时调控和修订。

（二）资源运作机制

一方面，要不断争取教育行政管理部门、社会人员、学校教师、学生以及家长对于规划实施的支持。完善教师有序流动，为规划的实施提供人力资源的保障。另一方面，要提升物质资源的运作能力，充分发挥现有物质资源的使用价值，争取改善办学条件，发挥物质资源的最大效能，保障三年发展规划的达成。

（三）专业支撑机制

集团三年发展规划在实施过程中，需要专家的专业引导和帮助，在加强集团教师专业提升的基础上，注重挖掘和整合集团发展资源，组建集团发展专家团队，定期走进教育教学现场，为集团发展把脉方向，问诊措施，开方评价，有效助推集团良性发展，实现集团规划发展目标，提升集团教育教学品质。

（四）价值导向机制

学校三年发展规划制定的内容，体现的是学校全体成员在教育教学和管理实践中逐渐共同创造生成的价值观念与思维方式。构建在党支部领导下、工会具体组织实施的校务公开工作，加强以教代会为主要形式的民主监督、民主管理制度。充分发挥全体教职工的主体作用，调动教职工的主动性与创造性，激发教职工参与学校管理的积极性，促进学校整体发展。

（五）后勤保障机制

加强后勤制度与机构建设，使学校校产管理、财务管理、生活管理走上规范而有序的轨道，为教师进行各项教育教学改革创造条件。加大资金投入，全力推进数字化校园的建构，调整经费使用结构，保障教师科研、教师培训、课程改革等各项工作的顺利开展。

（六）评估保障机制

分解学校“三年发展规划”，制订出每学年度及每学期的工作计划，形成规划落实的时段性、递进性和系列性。同时根据发展规划内容，各部门要制定相应的评估体系，进行考核评估，保证规划的调整与落实。

在回望中看清未来

江苏省常州市武进区星河实验小学教育集团　庄惠芬

2017年9月制定并付诸实践的星河实验小学教育集团三年主动发展规划“创想学校：生长着的共同体”已经执行了两年半，还有半年就要进入主动发展规划总结评估阶段。规划既然是行动纲领，那么站在一定的时间节点上，我们需要对已经制定和付诸实践的发展规划进行更好的反思与考量。具体说来，我们有三点体会。

一、系统眼光，在整体与部分之间耦合关系

对于一个教育集团来说，学校发展规划有一定的特殊性，因此在制定、实施过程中更要科学把握整体与部分的关系。

1. 把握十年百年的宏伟蓝图与三五年战略规划之间的关系。集团发展规划的制定是站在已有的办学基础、站在十年甚至百年的愿景、站在绝大多数师生与家长的共同价值认同来制定的。我们还需要完善的是，如何将宏伟蓝图与战略地图之间的耦合关系，在规划的形程设计中应该有更为清晰的形程标识，厘定远与近的关系，把握长与短的关系，让两者一致而又站点清晰。

2. 把握集团总体发展规划与集团分校发展规划之间的关系。集团规划有着整体性、系统性、普适性、指导性，但是每一所分校所处的位置、生源、师资、课程等基础和目标追求是有差异的，因此我们在制定、实施、评估过程中也要差异性把握，和而不同，既有共同的愿景，又要细化为不同的目标。

3. 把握集团整体发展规划与17项子规划之间的关系。集团发展规划从

六个方面整体制定发展规划的同时，还针对六个方面的重要内容以及确保规划的顺利实施，制定了 17 项子规划，我们需要把握两者之间的耦合性、协同性，那就是总规划对子规划的关照、匹配和契合，子规划是对总规划的支撑、补充、完善与实现。

二、耗散结构，在应然与实然之间动态开合

发展规划的落地，是一个有组织、有目标、有计划、有反馈、有评价的应然过程，但随着这个瞬息万变的时代发展，我们还会需要发展规划实施的实然样态，既需要用闭环的思维去协调统合，保持平衡，又需要有开放的思维去打破平衡，从有序—无序—有序，形成新的、稳定的有序结构。

1. 文化的自觉，从他生长—自生长—共生长的蜕变。对于一所学校而言，教师有怎样的价值取向尤为重要，直接影响着培育怎样的人。《发展规划》一书中把师生发展作为根本，我深以为然。一方面是内心认同后的行为转变；另一方面是行为约束后促使的内心认同，是教师个体对学校价值追求的自我认知，对学校价值观的认同与自我重构。

2. 路径的自新，从他组织—自组织—共同体的递进。在发展规划制定之前，学校是有着稳定的组织结构，但是在发展规划实施过程中，又会遇到统分结合、有机联动的格局，通过满足需求、不同样态等多种共同体的组建，专题性、长程性、针对性地开展研修，这就是这本书中谈到的学习共同体。学习共同体隐含着对人的内在力量的信念，相信每个人身上都存在着一种重要的为其发展提供目的和指向的力量。

3. 价值的自信，从成长期—成长营—成长林的扩展。发展规划无论有多完备，也抵挡不了在课程改革、教育改革中所带来的学校牵一发而动全身的转型、迭代和升级。因此，我们要走出这样的混沌，就需要有学校发展及规划落地成长周期的考量。无论是学校的组织结构、师资团队，还是特色发展都需要经历成长期的开启—成长营（即集团内发展规律的洞悉）—成长林（集团各个领域发展样态的建构），纲领—规划—实施—评估的过程，通过机

制的创生来完成规划的转身。

三、进阶思维，在战术与战略之间丈量距离

学校目前制定的发展规划是一座桥梁，既是过去通往未来之桥，也是梦想照亮现实之桥；它既能撬动一个项目的开启，也能促进一所学校的发展。在制定和实施过程中，我们需要用进阶的思维，把握好战略视野，也需要把握好战术的思路；在这个过程中厘定对特色、文化和思想的把脉。

1. 学校规划到办学愿景的契合，是对梦想蓝图的跨越。学校特色项目、特色学校、特色文化等概念，改变一所学校，改变这所学校的精神存在；提升一所学校，提升这所学校的价值认识、思维方式和教育行为。我们学校的规划实践中，创想课程已有丰厚的基础，那么如何实现从创想课程的建构者—创想学校的追梦者—创想教育的守望者的进阶，是一种对蓝图的认同与跨越。

2. 办学愿景到特色文化的建构，是对理想地图的超越。学校文化之根首先是一种价值观的选择，即对学校所面临的多重文化价值观进行澄清与重构，如何哺育不断壮大的师生群体的共同价值追求，需要基于学校文化的管理范式的升级转型。而这种转型，是对规划中愿景的守望、是师生“文化注我”和“我注文化”的交融，在文化的感召下，实现对学校发展关键要素的升级与抵达。

3. 特色文化到教育创想的追寻，是对思想永图的卓越。从战术到战略，就是从创想教育走向教育创想，是追求之路到追求之道的修行，是此岸到彼岸的抵达，是一种教育科学的寻找，是教育伦理的厘定，需要校长用教育的情怀、勇气和思想，激发团队个体与群体创造力，让每个人都成为教育创想的主体和主人，使得学校成员自主创新、主动追求发展的动力成为学校新发展绵绵不绝的源泉。

上海市澄衷高级中学“现代商业素养培育”特色发展规划

（2016年1月—2020年12月）

迈入21世纪以来，具有115年历史的上海市澄衷高级中学，不断继承优良传统，不断进行改革探索，不断谋求创新发展。在党中央“科教兴国”战略的指引下，学校曾先后制定并实施了《2001—2003年上海市澄衷高级中学发展规划》《2004—2006年上海市澄衷高级中学发展规划》《2007年上海市澄衷高级中学发展补充规划》《2008—2010年上海市澄衷高级中学创建素质教育实验性示范性高级中学发展规划》《2011—2015年上海市澄衷高级中学发展规划》。十多年间学校办学取得了丰硕的成果，赢得了良好的社会声誉。

在此基础上，学校以培育社会主义核心价值观为重要指导思想，认真落实《国家中长期教育改革和发展规划纲要（2010—2020年）》《上海市中长期教育改革和发展规划纲要》《虹口区中长期教育改革和发展规划纲要》的决策和战略部署，进一步深入贯彻《上海深化高等学校考试招生综合改革实施方案》和《上海市推进特色普通高中建设实施方案（试行）》的相关精神，不断完善办学机制，不断提高教育质量，特制定《上海市澄衷高级中学“现代商业素养培育”特色发展规划》（以下简称《特色规划》），以促进学校的可持续发展。

一、学校特色发展基础

近年来，学校先后获得上海市文明单位、上海市教卫党委系统文明单位、上海市安全文明校园、上海市学校系统共青团工作示范校、虹口区中小学实施三年发展规划先进单位、虹口区教育科研工作先进集体、虹口区校务公开工作先进单位、虹口区教育系统先进党组织、虹口区教育系统行风建设优秀单位、虹口区校本研修先进集体、虹口区见习期教师培训示范校、虹口区安全目标责任履职年度考核优秀校、虹口区学校系统共青团工作优秀校、虹口区行为规范教育三星级示范校、虹口区未成年人暑期工作先进集体等荣誉称号，在2013学年、2014学年虹口区高中学校绩效评估中成绩名列前茅，2012年、2014年、2015年学校高考本科率列近十年的前三甲。

学校突出的办学经验可以概括为以下几条：

（一）秉承百年校训

1926年《澄衷学校章程》中明确指出："不尚诚朴，便蹈空言……本校设学以来，尚诚朴、重国故，廿载一日，永矢不渝。"由于叶澄衷以诚朴开创自己的事业，为后人树立了榜样，在澄衷的历史中，反复宣传叶澄衷诚朴的故事，形成了以诚朴为核心的校训。

进入21世纪，学校结合当时的学校实际将校训扩展为"持诚求真"。持诚，即做人行事要始终保持诚实、诚朴、诚信的品格；求真，即说话做事讲究实际，不求浮华，不为表象迷惑，坚持探求真理。每年3月，学校集中进行"三诚"教育，开展"持诚求真"校训宣传活动，活动包括：故事广播、故事征集、演讲比赛、辩论比赛、主题班会、箴言收集、课题研究等。学校还在高一年级开设无人监考考场。从自我报名到班级推荐，再到诚信学生表彰，学校建立了一套完整的制度，鼓励更多学生参加诚信考场的考试，培养学生的诚信品质，弘扬中华传统美德，让学生充分意识到：生命不可能在谎言中开出完美的鲜花，民无信不立。

（二）重视校本培训

学校从2006年1月开始执行《上海市澄衷高级中学"十一·五"师资校本研修实施计划》。2007年5月，区教师进修学院培训部的领导对我校校本研修工作进行了阶段性的评审，给予了充分的肯定。2007年11月，虹口区教师进修学院专门为我校出版《澄衷高级中学校本培训专辑》。学校以教研组为基本单位组织实施校本培训，已形成了三大板块、八个维度的校本培训模式，形成了颇具特色的六种教研模式，有效地促进了教师的发展；注重开展师德教育，汇编教师个人发展专集；邀请专家听课或讲座，拓宽教师的视野，有力地促进了教师队伍建设。

（三）注重科研引领

2005 年、2006 年学校相继出版了《中学教研组建设》和《中学教研组教学、科研、培训三位一体的实践研究》两本关于教研组建设研究的专著，后者成功申报上海市教育科研市级规划课题，并被评为虹口区教育科研成果一等奖，上海市第九届教科研优秀成果二等奖。出版了有关校本研修的专著《教学、科研、培训三位一体校本研修课程化的实践研究》，荣获虹口区第十届普通教育科学研究成果二等奖。

2008—2010 年学校科研主课题是“问题与突破：基于教研组三位一体机制的高中教学环节针对性研究”，结题论文荣获上海市第十届教育科学优秀成果三等奖，虹口区第十届普通教育科学研究成果一等奖。

2011—2015 年学校科研的主课题是“高中生阅读素养发展的实践研究”，成功申报上海市教育科研市级规划课题，结题论文获虹口区第十一届普通教育科学研究成果一等奖，并参加市级科研成果的评比。在上述课题研究过程中，一批教师的教育科研意识和科研能力得以提升，同时科研成果也逐步转换为学校开展教育教学活动的自觉行为。

（四）注重学科建设

各个教研组结合学校的发展规划制定了学科特色发展规划。每位教师根据学校和教研组的规划制定了个人的发展规划。十多年来，绝大多数的教研组获得了区级以上的荣誉，其中英语教研组荣获区级荣誉称号 7 次，数学教研组荣获区级荣誉称号 5 次，物理教研组荣获上海市“青年文明号”称号。学校目前有 2 名上海市双名培养工程后备对象，2 名上海市优青培养工程后备对象，1 名虹口区校园长实训对象，4 名区骨干教师，3 名区优秀班主任，21.6% 的教师获得了硕士研究生学位。

（五）传承校史资源

学校已设立叶澄衷塑像、碑廊、校史馆、钟楼、大厅等五大校史景观供学生学习和校外来宾参观；与校友会合作开发《百年澄衷拾英》、《澄衷校史资料》（第一卷，增订版）、《胡适澄衷日记》、《叶澄衷画传》等校本课程和校史著作；每季度出一期《澄衷》校报，发给全体在校师生及校友；重版了被誉为“百年语文第一书”的《澄衷蒙学堂字课图说》；每学期出一期《澄衷》期刊；每月邀请校友来校做客“澄衷讲坛”，拓宽学生视野；每年对学生开展“六个一”校史教育活动，增进学生爱校荣校意识；2013 年，学校申请虹口区中学课程改革与教学改进区、校合作项目“校史资料收集、解读及课程开发”，现已结项。

在传承校史资源的过程中，学校突出了一根主线，即“历史与当代对接，传承和创新融合”，不仅回顾了学校辉煌的过去，更挖掘和提炼了学校办学过程中的几大特色：

1. 按章程规范办学。

叶澄衷在去世前 18 天，即 1899 年 9 月 15 日给他企业的董事们写了一封不到 400 字的信，并将他个人出资购得的 29 亩土地和 10 万两规银交给诸董事。从信的内容看，这封信可视为叶公创办澄衷学堂的一份重要遗嘱。遗嘱中叮嘱诸董事“悉心筹办，建造学堂房屋，订定一切章程，务求妥恰，克垂久远”。诸董事根据叶公遗嘱，于学校开办之初制定了《澄衷学堂章程》，目录页上列有 17 项章程，在之后的办学过程中不断进行修订，对学校的长远发展起到了举足轻重的作用。

2. 重视体育。

早在 1905 年，澄衷就把每周三节体操课均安排在上午第二节。几个办学章程中，都强调“体操与国、英、算三门并重，不及格者不得升级”（如 1926 年章程第 44 条）。在 1934 年《私立澄衷中学校组织大纲》中，明确了学校的行政系统“分教务、训育、体育、事务、经济五部”。

3. 重视演讲。

从 1914 年起，持续引进社会名流来校给师生演讲。据不完全统计，邀请的名流一百多位，演讲 172 场。又组织学生演讲，开设各学科的演讲会，持续设立“演讲竞争会”。

4. 重视社团。

据 1906 年 2 月 23 日到 7 月 26 日《胡适澄衷学堂日记》记载，当时澄衷就有自治会、阅书社、集益会、理化研究会、讲书会、算术研究会、英语研究会、球会、运动会、安徽旅沪学会、化学游艺会、学艺会等社团，社团成为学生积极开展各类社会实践和科学研究活动的阵地，学生从中锻炼自主管理能力。

5. 重视商科课程。

学校办学之初的学级层进表中清晰地表明“商科”的存在，具体见下表：

寻常小学（三年）—— 高等小学（三年）—— 中学（三年）—— 师范（三年）
寻常小学（三年）—— 商业乙科（二年）
高等小学（三年）—— 商业甲科（二年）

在课程设置中，长期以来，澄衷具有“商科”特色。早在 1902 年，就已计划选取 80 名学生“专课商学”。1926 年《澄衷学校章程》的“课程”一章里，初中设置了“初级中学普通科学分”和“初级中学商科学分”，而在高中，则并列了“高级中学共同必修科”“高级中学第一系文科必修科”“高级中学第二系理科必修科”“高级中学第三系商科必修课”“高级中学选修科（第一系文科选修科、第二系理科选修科、第三系商科选修科）”。在共同必修科之外，将“文、理、商”并列，作为必修或选修课程。在“商科必修”中开列了“商事要项”“簿记”“经济”等科目。在 1929 年《私立澄衷学校章程》中，在坚持这样分科的基础上，加开了“商业英语”课程。1930 年《私立澄衷中学校章程》中，“选修学程”里开设了“商业英文”“簿记”“打字”“珠算”四门学科。

在教师分组中，也突出“商科”，1928 年 2 月修订的《教务会议暂行条例》有“中学商科级任组”“中学商科国文学科组”“中学商科外国语学科组”“中学商科自认学科组”“中学商科艺术学科组”等。

学校商科建设的悠久历史，也为学校“现代商业素养培育”特色发展的提出和实践提供了可行的基础与借鉴。

二、学校特色发展所面临的问题与挑战

这些年来，通过全校师生的共同努力，各方面工作都取得了不少成绩，但存在的差距也是显而易见的，促使我们思考的困难和问题也是比较突出的，这些困难和问题当下困扰着学校的发展。

（一）教育改革的发展给学校的办学和管理带来了前所未有的挑战

随着《国家中长期教育改革和发展规划纲要（2010—2020年）》和《上海市中长期教育改革和发展规划纲要》的推进，高中教育如何特色多样化发展被提上了重要的议事日程。国家和上海教育综合改革方案的出台，也使学校遇到了前所未有的挑战，特别是学校如何克服传承与创新、理想与现实的矛盾，如何遵循教育规律办学，在办学中如何“促进学校内涵发展，办出自己的特色”，来真正实现学校自主发展，从而保持百年老校的品牌和声望，是困扰我们也迫使我们必须认真考虑的首要问题。

（二）拼盘化和碎片化的课程是制约学校特色发展的突出问题

虽然学校按二期课改的要求开足开齐三类课程，基础课程在过去的十多年中也始终有课题引领，学校近几年的教学质量不断攀升。但不可否认的是，学校三类课程彼此间的关联性并不大，学校开设的拓展、研究课程更多的是看学校有什么课程资源，谁的基础课课时量相对不足，而不是从学生的需求出发。从宏观的层面来看，传统的学校文化特色没有得到彰显，学校的办学理念、培养目标、课程理念、课程结构等之间缺乏系统考虑和建构，使学校课程呈现拼盘化和碎片化，存在较大的随意性。

（三）师资队伍高端人才的缺失仍是制约学校特色发展的重要问题

虽然过去的十多年里，学校在教研组建设部分投入了大量的人力、物力，在师资队伍建设部分取得了不菲的成绩，特别是教科研方面，有多项课题立项为市级课题和区级重点课题，多项成果获市、区级科研成果奖。但出于历史原因，学校的教师队伍结构与比例始终存在着比较大的问题，师资现

状不容乐观：面上表现为教师专业发展意识不强，专业发展的动力不足，与特色发展相关的师资缺乏；点上突出表现在高级教师比例偏低，高端人才缺失，学校仅有一位教师参加过上海市“双名工程”的培养，仅有两位教师参加过上海市中青年教师教学大奖赛，目前暂无区级的学科带头人。

（四）学生自主发展意识和能力的培养亟待加强

虽然学校具有明确的培养目标，也能根据培养目标制订相应的教育教学计划，并付诸实践，试图努力提高学生的综合素质，但就学生整体而言，受到应试教育的影响还比较深，比较偏重于学科书本知识的学习，长期处于被动学习状态，自主学习能力以及自主发展的意识比较弱。同时，教师们也偏重于知识传授，对于学生如何有效地“学”的研究较浅较少，缺少对于学生自主学习能力培养的方法。尽管学校一再倡导教学相长，鼓励教师深入学生群体，研究学情、学法和个体差异，甚至把“研究学生”作为实验项目来促进，试图通过这种形式和手段来提高教师对学生自主学习、自主发展的重视程度，但效果仍不理想。

三、学校教育哲学：性灵教育

（一）“性灵开发”的主张

在《叶澄衷给怀德堂诸董事的信》中，叶澄衷表明了办学的初衷：“成衷半生艰苦，自惭学问未深。每思造就人材，必须有人提倡，久欲在沪虹口设立学堂，延聘名师，专以教授中国经书为做人之根本，俾无力从师者，皆得就学焉。”“庶几从此学习之人，学有进益，大则可望成才，小亦得以谋业。”

1901年开办之初，刘树屏、蔡元培、章梫等教育家先后出任校长，为学校发展奠定了很好的基础，为我们留下了宝贵的办学文化遗产。

1901年《澄衷学堂章程》里就明确指出：“训蒙以开发性灵为第一义。教者了然于口，听者自了然于心；即或秉质不齐，亦宜循循善诱，不必过事束缚，以窒性灵。”重视对性灵的开发，正视学生的“秉质不齐”，是对基础教育本质的认识，对我们今天的办学仍然有很大的现实指导意义。

1901 年《字课图说》书前凡例第 8 条：“然欲执童子而语此，除名动静类外，不特艰于讲解，且恐阻窒其性灵也。惟为之师者，则不可不知。”

在认真研读校史的基础上，我们梳理形成了《“性灵开发”50 条》，作为全校教师的研修手册，并把本校教育哲学定位为“性灵教育”。

（二）性灵的内涵

《词源》有“性灵”条，解释为“性情。泛指精神生活。”而《词源》对“性情”的解释为“人的禀赋和气质”。

性灵，就是人的禀赋和气质。人的禀赋是天生的，即是遗传的。人的禀赋，可以陶冶，也可以泯灭。学校教育的功能首先是不窒性灵，其次是努力地开发人的性灵。基于以上认识，学校办学理念确定为：陶冶性灵，启迪智慧，涵养气质。

（三）“陶冶性灵，启迪智慧，涵养气质”与“育人为本，有效发展”之间的关系

1999 年在二期课改的背景下，学校提出“育人为本，有效发展”的办学理念，具有前瞻性，对提升办学质量起了很大的作用。

当前，我们把学校办学理念提炼为“陶冶性灵，启迪智慧，涵养气质”，是在传承基础上进一步丰富这个理念的内涵，是对“育人为本”中的“人”的内涵的进一步诠释与发展，培育“性灵”之人；也是对“有效发展”中“有效”路径的进一步探索与实践，未来五年我们希望以“现代商业素养培育”的特色发展为依托，培育学生的核心素养，将性灵教育与学校的历史传统和现实要求相融合，更好地凸显学校的办学理念，更好地引领学校发展。

四、学校特色发展

未来五年，学校的特色发展是：探索基于“性灵教育”思想的“现代商业素养培育”特色管理机制、课程体系和实施路径，把学校建成全面发展兼有现代商业素养培育特色的普通高中。

（一）特色定位思考

1.“性灵教育”思想核心是基于性灵，促进学生全面发展，主动适应社会发展需要，这是百年澄衷教育思想的精华。培养出来的学生，要能主动适应未来社会发展需要，这是时代的要求，更是国家的需要。

未来社会需要具有人文素养、科学素养和商业素养的人才。现行高中课程设置能基本满足人文素养、科学素养的培养。然而，与市场经济社会相匹配的商业素养课程却少之又少，这方面极需加强。这也完全符合我国普通高中教育培养目标，即“提高学生素质，扩展学生基础学力，促进学生个性发展，促进学生个体社会化”。

2. 鼓励普通高中办出特色是国家教育战略之一。

《国家中长期教育改革和发展规划纲要（2010—2020年）》提出：“高中阶段的主要任务：全面提高普通高中学生综合素质。推动普通高中多样化发展。鼓励普通高中办出特色。”

《上海市推进特色普通高中建设实施方案（试行）》提出：“促进学生全面而有个性地发展，推动高中学校错位发展、特色发展和可持续发展。”

《上海市虹口区中长期教育改革和发展规划纲要（2010—2020年）》提出：“到2020年，力争有50所学校成为全区有影响的特色学校，其中10—20所学校成为全市有影响的特色学校、品牌学校，全区所有学校基本形成‘一校一特色’。”

（二）核心概念界定与特色创建思路

1. 现代商业素养。

现代商业素养的校本界定：学生参与现代商业活动所必备的知识和能力，以及由此而形成的商业道德与价值观。具体分“商之术”“商之法”“商之道”三个维度的内容，每一个维度又分别包含五个模块（见下页图）。

“术”的校本界定为“术语”，“商之术”直接指向必备的现代商业知识的掌握；“法”的校本界定为“方法”，“商之法”直接指向关键的现代商业活动能力的培养；“道”的校本界定为“规则”，“商之道”直接指向现代商业活动中的优秀品格的养成。

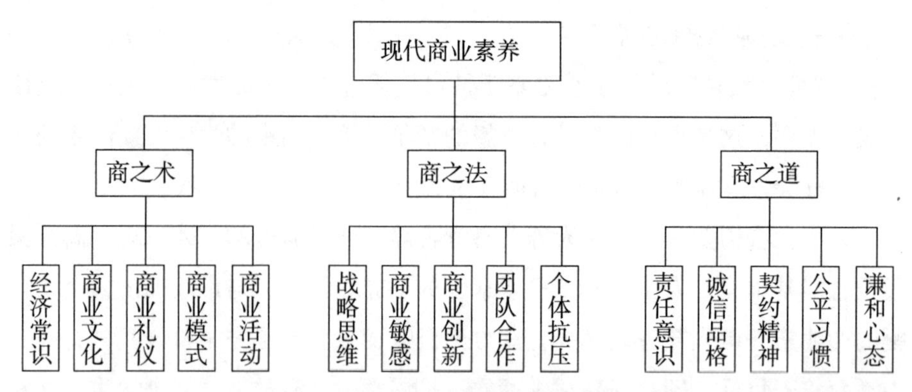

上海市澄衷高级中学现代商业素养培育的内容

现代商业素养培育是对学生进行社会主义核心价值观教育和培育学生核心素养的最佳载体。通过“商之术”，即现代商业知识的学习，学生的人文底蕴、科学精神得到加深；通过“商之法”，即现代商业活动能力的培养，学生更加会学习、会生活、会创新；通过“商之道”，即现代商业优秀品格和价值观的养成，让学生更加勇于担当，乐于奉献。

2. 学生培养目标。

学生培养目标如下：能服务于未来社会的德、智、体、美、劳全面发展的合格高中生，成为现代商业素养突出，重责任、讲诚信，有性灵、能创新，善自律、会合作的澄衷人。

3. 特色创建思路。

我校是一所区重点普通高中，因此，“现代商业”既不同于中专技校，侧重就业技能的培养，也不同于本科院校，侧重于专业理论的学习；它重在通过学科课程的有机结合，校本课程的建构，特别是相关活动的体验，通过“现代商业素养的培育”，培养学生主动适应未来商业社会的能力。

因此，我校的特色创建思路为：以市级课题“高中生现代商业素养体验式课程开发和实践”为抓手，聚焦课程，从管理机制、课程体系建设和实施路径三方面，花五年时间分三个阶段实现。

（三）特色发展目标

1. 实验性目标。

探索基于“性灵教育”思想的“现代商业素养培育”特色管理机制和课程体系等，完成“现代商业素养培育”特色高中探索性研究阶段的成果提炼。

2. 主体性目标。

造就性灵教师，培养性灵学生。努力使更多的教师参与“现代商业素养培育”特色课程开发，使一批教师有自己的“现代商业素养培育”特色课程成果。全体学生都能进入商业基地体验“现代商业”文化，一定比例的学生能萌生对“现代商业”的兴趣。

3. 示范性目标。

通过媒体报道、承办大型活动、成果鉴定、校刊、校园网和微信公众号等途径宣传和推广“现代商业素养培育”特色创建成果，在校园文化、教改实验、特色课程、教师发展等方面发挥历史名校的辐射作用。

4. 条件性目标。

不断完善办学条件，建构一个富有历史底蕴的“现代商业”学习场，为“现代商业素养培育”特色高中建设提供保障，这些保障具体包括：建设“现代商业素养培育教育馆”（校园环境），创建“现代商业素养培育特色网站”；成立“现代商业素养培育特色普通高中研究中心”等。

（四）特色推进过程

1. 特色定位阶段（2015 年 1 月—6 月）：在学校对过往办学传统系统梳理的基础上，聘请市、区各方专家开展论证，确定学校特色发展方向，并试探性地在全体高一学生中开设 3 ～ 4 讲“现代商业素养”通识课程，组织学生参观上海商学院商业博物馆，聘请专家为全体教师开设“现代商业与传统商科的区别”等讲座，通过上述活动，让全体师生对现代商业有一个感性认识。

2. 特色项目阶段（2015 年 7 月—2017 年 6 月）：学校围绕“现代商业素养培育”，申请区市级课题，在全体高一学生中开设若干门（每门 4 ～ 6 课时）现代商业素养微课程，组建若干个现代商业素养特色社团，每两个月开展一次“澄衷讲坛”，每学期开展 1 ～ 2 次有特色的主题活动，并利用寒暑假开展现代商业职业体验。

3. 学校特色阶段（2017 年 7 月—2020 年 12 月）：学校围绕“现代商业素养培育”，通过科研课题的引领，形成相应的特色课程群和面向全体学生、层次递进的特色课程体系，制定和完善相应的学校管理体制，形成一定的办学特色。

（五）聚焦特色课程

1. 课程目标。

基于校史，联系生活，重视体验，关注前沿，学习必备的现代商业知识，掌握关键的现代商业能力，形成现代商业优秀品格和价值观，由“术”及“法”，进而悟“道”，添彩未来幸福人生。

2. 课程设置。

学校特色校本课程建构按现代商业知识、技能和价值观，分“商之术”“商之法”“商之道”三个模块，通过现代商业素养与学科课程的有机结合，与拓展课程的广泛结合，与综合实践活动课程的深度融合，建构学校特色课程。

五、学校课程结构和课程实施

（一）学校课程结构

学校围绕“陶冶性灵、启迪智慧、涵养气质”的办学理念和“持诚求真”的校训，遵循面向全体、全面发展、个性发展的原则，按学科和活动维度建构学校课程，具体包括学科课程、拓展课程、综合实践活动课程三部分（见下页图）。

学科课程：学生高中阶段开设的 7 大学习领域 13 门课程，包括语言与文学（包括语文、外语）；数学；人文与社会（包括思想政治、历史和地理的一部分）；科学（包括物理、化学、生物和地理的一部分）；技术（包括通用技术、信息技术）；艺术（包括音乐、美术）；体育与健康。

拓展课程：学生高中阶段所开设的各类拓展课程，包括现代商业素养基础类拓展课程、学科与现代商业素养融合类拓展课程和学科类拓展课程。

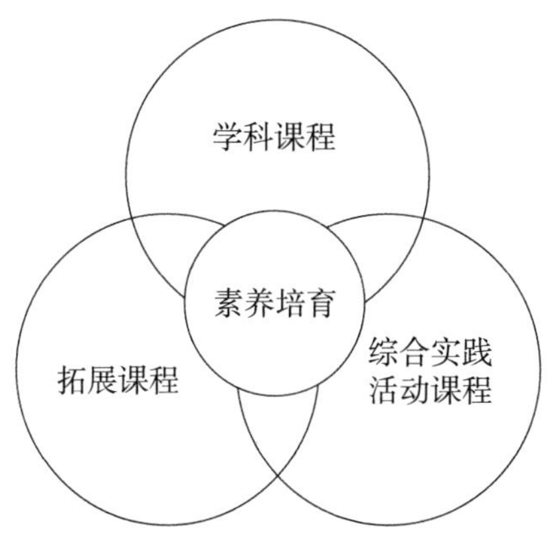

上海市澄衷高级中学三叶草型课程结构

综合实践活动课程：学生高中阶段所开展的综合实践活动，包括社团、研究性学习、社区服务、社会实践、生涯规划、主题活动等，突出现代商业素养培育。

（二）学校课程特点

面向全体：如语文、数学、英语学科课程，现代商业素养基础类拓展课程，基础类的综合实践活动课程等。

分层选择：如加三学科课程，体育专项化课程；学科与现代商业素养融合类拓展课程，学科类拓展课程；社团、社会实践、研究性学习等部分学生选择的综合实践活动课程等。

个性发展：如个别辅导的学科课程，个性化定制的生涯规划等。

（三）学校课程实施

1. 课程实施原则。

（1）教师知识传授与学生自主学习相结合，当前更要注意学生自主学习能力的发展。

（2）教学规范与开发学生性灵探索相结合，当前更要注意开发学生性灵路径的探索。

（3）学生全面发展与学生现代商业素养培育相结合，当前更要注意学生现代商业素养培育的研究。

（4）历史资源传承与高考综合改革相结合，当前更要注意高考综合改革要求的落实。

（5）学校日常工作与学校特色创建相结合，当前更要注意加快学校特色的形成。

（6）常规德育与学生职业生涯设计相结合，当前更要注意学生职业生涯设计的引导。

2. 构建“精讲多学”之生态课堂。

（1）倡导精讲多学。

上海的二期课程改革已推进十多年，但在实际教学中很多教师教学方法手段单一，课堂一讲到底，学生被动听讲，学习主动性明显不足。有鉴于此，我们在学校特色创建的规划中郑重提出“精讲多学”，以期引导教师聚焦课堂，重新认识课堂讲授的方式与价值，关注教，更关注学生学习方式的变革。

“精”即精准理解课程标准之要义，精准把握课程目标之要求，精细解读教材之内容，精准摸清学生的学习起点、学习差异、学习困难之所在。“精讲”并非少讲、不讲，是伺机而动地“讲”，是雪中送炭式的点拨。“精讲”就是要根据教学内容和知识的深浅、学生的领悟程度来选择讲解的内容、讲解的时机。要讲得简洁，讲明方法，讲出层次，讲清重难点，讲出情趣。“讲”应该贯穿于课堂的始终，穿插于学生的阅读、讨论、活动、练习等学习过程之中。

衡量课堂教学的效益高低归根结底是学生的学习效果。“精讲”的目的是为学生的“多学”留出时间、空间，让学生能多读，多讲，多活动，多实践，多思考，多感悟，让学生学得完整。“多学”就是让学生多维度全面地参与课堂教学，包括读中学、做中学、讲中学和悟中学。

我国著名教育家陶行知先生说：“所谓教师之主导作用，重在善于启迪，使学生自奋其力，自致其知，非谓教师滔滔讲说，学生默默聆听。”因此，我们“精讲多学”的意图就在由教师教的变化引起学生学的变化。

（2）构建生态课堂。

课堂如何来达成因材施教的目的？叶澜教授倡导要做到“四还”：“把课堂还给学生，让课堂焕发出生命活力；把班级还给学生，让班级充满成长气息；把创造还给老师，让教育充满智慧挑战；把精神发展的主动权还给学生，让学校充满勃勃生机。”具体应突出以下几个原则：①关注全体学生，包括学情反馈了解、差异化的任务设计、到位的学法指导；②突出学习主体，包括自主的学习过程、民主的学习交流、交替的示范引领；③促进课堂生成，包括研讨的新知发现、知识的个性理解、深入的问题提出；④追求过程愉悦，包括轻松的心理环境、求知的动机和兴趣、学习的快乐自信。

（四）学校课程评价

1.“精讲多学”之生态课堂评价。

课堂教学的终极目的是让学生学会应该学会的知识。因此，课堂评价就该从学生学的角度加以评价。但纵观一节课，课始，学生对这节课的教学内容以及学习这些内容的方法可能略知一二，甚或一无所知，是教师的组织、引导启动了学生的学习。随着课的深入，学生逐步进入学习状态，学习的动机不断增强，学习水平不断提升。学生动机增强无外乎三方面的因素，即学生与生俱来对未知的渴求、教学内容本身的吸引力和教师教学魅力的激发，因此，在以学生为主体的课堂中，教师的主导作用是不容忽视的。教师课堂上的责任就是在学生自求的过程中适时加以指导，学生通过“自求”至“自得”，进而成为“自主”的学习主人。因此，我们的课堂评价就得关注两方面的情况：一方面，教师的教，即课堂教学内容、教学过程、教学语言等；另一方面，教师对学生发展需求的满足度（即学生享用课堂资源情况）和学生素养的实际发展水平。我们的评价既要着眼于短期效益，学生是否学到新的知识，能否运用所学解决具体问题；同时也要关注长远效益，学生的情感是否被调动，是否有进一步学习的强烈愿望，且越来越投入学习中。

2. 综合素质评价。

综合素质评价的特点：记录性、导向性、公平性、关联性、参考性。

综合素质评价的内容：包括学校综合素质实施记录和学生综合素质评价，两部分内容起相互印证的作用。

学生综合素质评价的内容：包括学生个人信息情况、个人自我陈述、学习经历和学业成绩记录表、“研究性学习”专题纪实报告、思想品德与遵守行为规范的突出表现记录、《社会实践活动记录表》和《高中毕业生综合评语表》七部分，是高校招生录取时的重要参考。

六、学校特色发展保障措施

（一）完善学校章程和制度

将学校的特色发展与学校的章程和制度建设结合起来。借鉴校史上“章程极具权威性和公开性”“章程极具个性”“章程凸显课程的地位”等特点，与时俱进，进一步完善学校章程；以章程为学校的母法，在制度执行的过程中，不断地完善学校的制度体系。

从玫琳凯化妆品公司的老板玛丽·凯的管理经验“管理是一门了不起的艺术，它的最高境界就是让每一个被管理的人都感到自己重要”中得到启示：在完善学校依法治校的过程中，实施“欣赏型”管理，不断地推进学校民主管理的进程。

在学生管理中，在原有的“三自建设”基础上，设立学生校长助理，并定期开展“校长有约”活动，深度了解学生需求，不断地提升学生的自主学习、自主管理和自主发展的水平。

在教师管理中，学校通过完善绩效增量分配方案，制定科研奖励等制度，实施教师节表彰，学校定期推送公众号等，不断地弘扬身边教师的先进事迹，变个人奋斗为群体奋斗。

（二）制定学校特色发展规划

将学校的特色发展与学校发展规划的制定结合起来，在规划推进的过程中做强学校的核心竞争力；围绕学校特色发展规划，确立学校未来五年的主课题和相应的子课题，通过区、市级课题申报，教育局项目立项等措施，化整为零，用课题引领学校特色的发展。

（三）重视规划督导和评估

将学校的特色发展与规划评价和绩效评估结合起来：

1. 以学校特色发展规划为基础，制订分年度实施计划，建立年度自评机制，并通过区督导室的中期评估和终结性评估，督促学校实施特色发展规划。

2. 积极申报上海市特色普通高中，借助市项目专家组的滚动式推进指导，不断深化学校的特色发展；借助虹口区宏教评估所对高中学校的年度绩效评估，动态地反馈学校特色发展规划的实施情况，扬长补短，不断地凸显学校的办学特色。

（四）重视队伍建设及其校外资源挖掘

教师是学校特色发展最核心的力量。学校将通过与高校合作培养师资，立足岗位自培，引进特色发展所需要的教师，借助校友、家长和社区资源以及社会力量等多种方式，解决学校特色发展所面临的特色师资缺乏问题。

按需培训，分层培养，结合虹口七层金字塔人才工程，打造校内的人才梯队。

（五）重视校史及其文化挖掘

学校与校友会深度合作，编撰校史资源的系列丛书，包括原有的《澄衷校史资料》的完善再版，出版《叶澄衷画传》《胡适澄衷学堂日记》等。

学校特色发展规划的实施、反馈和评估

上海市澄衷高级中学　潘红星

2015年，学校前一个五年规划行将终结，新一个五年规划行将启动。学校以培育社会主义核心价值观为重要指导思想，认真落实《国家中长期教育改革和发展规划纲要》《上海市中长期教育改革和发展规划纲要》以及《虹口区中长期教育改革和发展规划纲要》的决策和战略部署，进一步深入贯彻《上海深化高等学校考试招生综合改革实施方案》和《上海市推进特色普通高中建设实施方案（试行）》的相关精神，以传承中创新为基本的工作思路，制定了《上海市澄衷高级中学"现代商业素养培育"特色发展规划》（以下简称《特色规划》），以促进学校的可持续发展。

一、学校特色发展规划的实施

正如凌宗伟校长在本书"学校发展规划是什么"中所言，学校规划是一种行动路径，规划的价值是在实施过程中引领学校进一步发展。

（一）层层分解学校规划目标任务

学校《特色规划》制定完后，在实施的过程中，学校紧接着制定了《上海市澄衷高级中学"现代商业素养培育"特色课程规划》《上海市澄衷高级中学"现代商业素养培育"德育规划》《上海市澄衷高级中学"现代商业素养培育"科研规划》《上海市澄衷高级中学"现代商业素养培育"校本研修规划》，将学校五年发展规划的目标任务分解到各个部门，化整为零，系统推进。

对照学校的发展规划和部门发展规划，学校制订年度工作计划，将学校规划目标和任务分解到每一年度的工作中，如，2016年的目标是创建成为上海市特色普通高中项目校，2018 年的目标是在市级交流中名列前茅，2019 年的目标是市级展示，2020 年的目标是特色普通高中的初评等。

学校规划在实施的过程中，针对重大任务，再形成专项项目计划。如，2019 年为迎接上海市特色普通高中项目校的展示，学校制订了专项计划，包括展示前的各部门的准备工作，展示当天的议程，展示活动的预算等，计划到部门，落实具体负责人，合力推进。

（二）借助校外资源助力规划实施

关于“现代商业素养培育”，虽然澄衷有文化传统，但对于一所普通高中而言，如何有效地实施，面临的困难还真不少。学校的具体做法是眼睛向外，开放办学，借助各类社会资源推进规划的实施。

1. 借助高校资源。

2016 年学校与复旦大学管理学院签订了首轮三年合作协议，2019 年院校二度牵手。自协议签订以来，复旦大学管理学院与学校开展了许多互动：包括委派专业人员指导学校专项计划的制订和实施，培训教师；复旦大学管理学院的优秀学子担任本校学生的学涯导师，指导学生开展领导力冬令营、学生公司创意产品的设计；一年一度安排本校学生去复旦大学管理学院开展研学活动等。

2019 年，虹口区政府与立信会计金融学院签约合作，学校在立信会计金融学院的指导下，加盟全国高校诚信文化建设联盟，成立本校“中学生诚信文化研究中心”；新学期开学，立信会计金融学院将在学校挂牌“优秀生源基地”等。

2. 借助社区资源。

虹口作为上海市五个中心建设中航运和金融功能的重要承载区，学校借助于丰富的社区资源，成立“澄衷商联”，丰富学生的社会实践场所。如，通过中国银行虹口支行，学生得以参观中国银行上海分行博物馆，开展研学活动。

3. 借助公益资源。

学校与 JA 中国合作多年，在其指导下，开设“青年经济学”“青年理财”“学生公司”等课程，开发“个人信用与理财”慕课，组织学生参观彭博网、恒生银行等场所，指导学生参加全国中学生创新挑战赛、全国中学生金融理财大赛、上海市学生公司创新大赛等。

4. 借助校友资源。

作为一所百年名校，澄衷校友人才辈出。学校聘请部分优秀校友担任学生的校外生涯导师，开展生涯教育。学校还在部分校友的企业挂牌成立实习基地，丰富学生的社会实践内容。

（三）多种形式培训学校教师

学校《特色规划》的实施，关键作用的发挥在教师。为此，学校借助于校外资源，开展了形式多样的教师培训。

1. 走出去培训。

复旦大学管理学院每年都会举办上百场的各类培训。大凡与学校现代商业素养培育有关的，只要学校安排得过来，我们都会安排教师前去学习，以开拓教师的眼界。如，复旦大学管理学院的"美国日"活动、创新论坛等。

2. 请进来培训。

近五年来，复旦大学管理学院、立信会计金融学院、上海商学院，从院长至教授，为我们带来了"大数据分析""互联网时代的商业逻辑""商业漫谈""诚信漫谈""传统商业与现代商业的区别"等多场专业讲座，帮助教师进一步熟悉并了解现代商业素养的内涵。

3. 一对一指导。

至今，学校已在上海市名校慕课平台推出 14 门慕课，绝大部分的慕课都有校外专家和高校教授指导，如，"个人信用与理财"的指导专家来自 JA 中国公益组织，"诚信漫谈"的指导专家来自立信会计金融学院，"生活中的会计学""生活中的经济学""生活中的管理学"等课程的指导专家来自复旦大学管理学院。

二、学校特色发展规划的反馈和评估

学校《特色规划》实施成效如何，需要反馈和评估的跟进。具体说来，有以下几种反馈和评估手段：

（一）年度自评

学校每学年按照虹口区人民政府督导室的要求，对照《特色规划》制定年度计划，学年伊始上交区督导室。学年结束，学校把一年的工作按部门提炼成若干检测点，按满意、较满意、不满意由教代会代表实施评价，评价结果作为学校规划年度达成情况的重要资料存档，并根据评价情况，下一年度重点加强相关薄弱工作。

（二）规划中评

规划中期，虹口区人民政府督导室将安排两天的时间，组成由督导室专家、教育局行政领导、兄弟学校领导、北外滩街道青保老师、学生家长代表等督导人员到校实施中期督导，他们在听取学校校长的中期汇报的基础上，深入课堂听课，查看档案资料，访谈教师和学生，并向全体教职工和部分家长发放问卷，最后形成书面的中期督导建议，反馈学校，便于学校更好地实施后半阶段的规划。

（三）规划终评

规划结束，虹口区人民政府督导室除了完成中期督导的所有工作程序外，还将审议学校新一轮的发展规划。同时，终结性督导建议除了反馈学校以外，还向社会公开。

总之，学校规划的实施成效主要通过学校规划年度自评和区人民政府督导室对学校规划的他评两种方式来反馈和评估。此外，学校还借助于上海市特色普通高中项目组专家的不定期指导、相关项目的专项评审、课题的结项评审、虹口区宏教评估所的年度绩效评估等方式辅助学校发展规划的反馈和评估。

三、学校特色发展规划实施成效及反思

近五年来，在《特色规划》的引领和实施过程中，学校取得了以下一系列的成绩：

（一）实施成效

1. 高考成绩。

学校高考本科率由82.08%跃升到2017年的91.2%，2018年达到94.5%，其中在校在籍学生本科率突破95%。

2. 学生发展。

近五年，学生在全国、市、区级比赛中获个人奖和团队奖814项，其中高瑞杰同学荣获全国最美中学生称号；杜安娜等18名同学的5个项目在上海市“未来杯”社会实践大赛中获等第奖；学生合唱荣获区一等奖，学生武术操比赛荣获上海市一等奖。

3. 教师发展。

近五年，新评高级教师14位，硕士研究生比例上升13%，徐晶等270名教师在全国、市、区级比赛中获奖，徐雪君等3人被特招为区高端人才班学员，徐晶等3人被确定为上海市第四期“双名工程”“种子基地”领衔人，柳毅等4人被评为区学科带头人，丁志伟等6人被评为区骨干教师，18人成为新一批七层级成员，英语等三个教研组被评为区优秀和先进教研组，其中物理和数学组两次获奖。

4. 科研成果。

近五年，学校开展了市级课题“高中生现代商业素养培育体验式课程开发和实践”、市德育协会课题“基于‘双导师’制的高中生生涯导航行动研究”、市德尚课题“基于校史的研学旅行课程设计和实践”、5个区级重点课题“高中生阅读素养提升的再实践”“以诚朴校训构建学校学生文化建设的实践研究”等课题研究，所有课题正常结题，其中“高中生阅读素养的实践研究”荣获第五届上海市中小学教科研评比一等奖，上海市基础教育改革成果二等奖；市级课题“高中生现代商业素养培育体验式课程开发和实践”的结题成果《特色普通高中课程建设探索》一书由华东师范大学出版社正式出版；26名教师的个人课题立项为市区级课题，瞿晨颖等2个市级青年教师的课题获三等奖，徐雪君《基于双导师制的高中生生涯导航行动研究》等多个案例荣获市区评比等第奖，施丹丹等10多个课题获区级评比等第奖，多人在区级“七色彩虹”征文中获等第奖；共有110篇文章在全国、市、区级杂志上发表；学校科研得分在绩效评估中多年名列虹口区高中学校第一名。

5. 管理成效。

学校落实国家关于高中多样化特色发展政策的要求，立足校史和学校地处北外滩的地域特点，按照“人无我有，人有我优”，定位“现代商业素养培育”，从办学理念、育人目标、课程结构、实施体系和支撑体系等方面系统建构，创建上海市特色普通高中。2016年学校成为上海市第二批特色普通高中校。2018年在市级小组交流中名列第一。2019年10月17日，学校以“培育现代商业素养，添彩未来幸福人生”为题进行了市级展示，活动得到了市区领导和八方嘉宾的充分肯定，上海教育电视台等10多家媒体对活动进行了报道，其中新华社上海分社的报道至11月底，浏览人数突破47万。

6. 校史研究。

学校作为由国人创办的沪上第一所班级授课制学校，底蕴深厚，人才辈出。学校借助校友会的力量，引进校史研究兼职人员，通过与社科院合作开展校史研究等多种方式，公开出版了《澄衷蒙学堂字课图说》《百年澄衷章程资料及研究》《叶澄衷画传》《胡适澄衷学堂日记》《澄衷讲坛百年辑录》和《澄衷校史资料》（第一卷，增订版）等书籍。此外，学校成功首演了原创校本历史剧《天下之利》，围绕校史的学生研学旅行也正在持续地开展，恢复了《澄衷》校刊，并在《澄衷》校报和校刊上开设了校史研究专栏。

7. 学校发展。

学校多次荣获上海市安全文明校园、上海市文明单位等荣誉称号，是上海市首批文明校园，上海市首批依法治校示范校，上海市第二批特色普通高中项目学校，上海市传统体育项目学校，上海市共青团工作示范校，虹口区教科研工作先进集体，虹口区语言文字规范化示范校，虹口区艺术特色校，虹口区戏剧进校园项目校，虹口区影视工作特色校等；学校领导班子1次获集体表扬，1次获办学进步奖。

8. 对外辐射。

学校与香港宁波公学结成姐妹学校；与江西横峰中学、青海果洛民族高中结成友好学校；与复旦大学管理学院开展两轮合作；由区政府牵头与立信会计金融学院结对签约，成为全国高校文化育人联盟荣誉理事；充分利用社区资源成立“澄衷商联”；接待近30个教育代表团来校交流学习。

9. 媒体报道。

学校制作的专题片《百年澄衷》《守正创新》《商道酬信，赋能人生》在上海教育电视台和虹口有线台多次播放，《文汇报》《光明日报》《上海教育》《第一教育》和新华社上海分社等不同的媒体对学校报道190次，对于学校的特色办学，家长满意度超过91%。

（二）不足及反思

一所底蕴深厚的百年老校，面对“现代商业素养培育”这样一个全新的课题，很多同志习惯于“后视镜开车”思路，因此，规划的实施遇到的阻力不小，需要加大教职工培训和沟通的力度，特别是学校行政干部队伍。学校校长既要对大家的惯性思维表示理解，不急躁，又要想方设法让全体干部接受特色发展的思路，明白“传承中创新”是老校发展不变的思路，创新的本质是引领学校发展，用发展的思路凝聚人心，合力推进规划的实施。

回浦中学“四体共建”生涯规划教育项目五年规划

浙江省临海市回浦中学　包建新

项目内涵

“四体”是指学校有关生涯规划工作的四种形态：生涯课程、生涯品质、生涯体验、生涯咨询。生涯课程包括自我认知课程和学业规划课程，是进入课表的固定课程；生涯品质指的是根据学生兴趣、个性、特长在高中阶段予以强化、发展的可能会影响学生一生的各种品质；生涯体验包括职业体验、专业体验等；生涯咨询指的是生涯咨询团队对学生有关生涯问题提供一对一的指导和帮助。在以“7 选 3”为标志的新高考背景下，生涯规划工作需要齐头并进，“四体共建”。

责任分工

生涯课程主要由教科研线负责；生涯品质由德育线和教学线负责；生涯体验和生涯咨询主要由德育线负责，教研线协助。

总目标

通过生涯规划建设，促进学生成长与发展，培育学生的兴趣、个性和特长，帮助学生树立正确的人生观、价值观；促进学生理性选择课程，形成良好的高中修业规划；促进学生适应大学多元化招生的要求，并逐步提升相应的素质。

年度目标

2015学年度：拟出回浦中学生涯规划教育的总体框架。继续开设好生涯课程中的学业规划课程。落实生涯咨询室场地，并初步建设生涯咨询室内部设置。根据学生个性特长发展学生社团，明确学校重点扶持的学生社团，有条件的学科组织相关学生参加影响大学多元招生的竞赛活动。

2016学年度：开设生涯课程中的自我认知课程。在2017级学生开学第一课中加入生涯规划教育的合适内容，丰富开学第一课的教育内涵，并形成以后各届学生开学教育的常规内容。形成学生社团与针对多元招生的各项比赛活动相适应的处室工作协作的内容和方式，为培养学生特长组织各种竞赛活动，提升学生的生涯品质。

2017学年度：形成社会性的职业体验活动、学校活动性的专业体验活动的适宜模式，并逐步成为学生教育的常规化内容。

2018学年度：根据教学经验，着手编制校本生涯规划教育教材，借此基本固定回浦中学生涯规划教育的内容和方式。形成一支全校大部分教师参与的具有一定专业水准的生涯规划教育团队，形成比较完善的学生生涯教育一对一指导模式。

2019学年度：编制回浦中学校本生涯规划教育教材，编制回浦中学生涯规划教育手册学生版与教师版。

主要措施

1. 学习与培训。学习《浙江省教育厅关于加强普通高中学生生涯规划教育的指导意见》，学习其他学校生涯规划工作的先进经验，形成回浦中学生涯规划工作整体框架。派出相关教师参与生涯规划教育的培训，使他们成为学校生涯规划教育的培训师培训全校老师，为每一位老师都可以成为合格的学生生涯指导师做基础，并由这些骨干教师承担生涯规划教育课程。寻求与生涯规划教育有关机构和大学生涯规划教育的教师的合作关系。

2. 组织与领导。生涯规划教育是一项新的工作内容，同时各处室密切配合，因此工作推进由校长领导，各线根据职责有分有合、有散有整地进行。由于本项目涵盖面广，鼓励各处室根据自身的工作职能，设立“微项目”开展工作。

3. 改良与提升。把英语周、语文周、学生社团等活动部分目标化，根据大学对高中毕业生的素质要求设定目标，并依据这些目标设定活动内容，给在活动中表现突出的学校搭建更大的施展平台，使他们在更大的平台活动中树立高远的人生目标。

4. 研究与创新。深入研究生涯规划教育，鼓励申报相关课题，探索生涯规划教育的新形式；深入挖掘社区资源、校友资源、家长资源、高校资源，开展形式多样的职业体验、专业体验、生涯探索等活动。

5. 行动与积累。分阶段定期总结，分析上一阶段的成功与不足，讨论下一阶段的修正与改善；通过阶段总结，把实践理论化，把行动模式化。

回浦中学生涯规划教育的规划实施反思

浙江省临海市回浦中学　包建新

在回浦中学生涯规划教育的规划实施之后，回顾规划的拟订、补充、调整、推进、成效等方面，有不少值得总结的地方。下面我们结合这个规划的性质进行反思，看看具有这样性质的规划，在实施过程中应该注意些什么。

1. 这是一个部门性的而非学校整体的规划，因此需要学校其他部门的配合和支持，同时要考虑学校的生态，减少规划推进过程中的阻力。

我们学校是教科研线来负责这个规划的拟制和实施，因为生涯规划教育是一个新事物，专业性比较强，不是重于事务，而是重于研究；但是，教科研线的工作，在学校里行政能力是不强的。一般来说，学校以德育为首位，以教学为中心。况且，学校规模大了之后，强化了年级段管理。这就要求生涯规划教育规划的制定和实施，要多与学校教学线、德育线、年级段相关人员商量，争取他们的配合和支持。要做到这一点，除了组织力量和个人影响力外，需要找到工作的共同点。比如，在新高考背景下，学科如何选择，学生如何做好三年学习安排，如何增强学生的学习动力，这些都是共同关注的问题，生涯规划教育能够提供技术支持，这样，彼此就有了合作、促进的平台。

至于学校生态问题，我们都知道大多学校管理的大部分精力是围绕着提高学生的分数转的，提升分数是学校领导和所有老师的共识，因此，我们在做规划的时候，提出了基于学业的生涯规划，对生涯规划教育进行重构，不纯粹移植已有的经验和成果。

我们的体会是，一个规划，从一开始就研究所关涉人员的共同需要，就能争取到更多的配合和支持，实施起来就会顺畅许多。

2. 这是一个既被动应对又主动思考的规划，因此需要符合教育行政部门所做出的规定，同时要体现创造性，在基础教育学校生涯规划教育领域发出自己的声音。

在一般的学校，一些工作虽然与生涯规划教育沾边，但生涯规划教育这个概念是随着新高考的实施才进入学校管理系统的。我们学校也是这样的情况。新高考规定学校要开展生涯规划教育，开设生涯规划课，并且规定了基本内容，包括自我认知、学业规划、职业规划三部分。为了适应新高考，学校决定开展生涯规划教育，以免在这一轮改革中落后了，这是被动应对的一面。但我们并不满足于把事情做了，不满足于表面上符合相关文件规定的要求就可以了，我们希望主动思考，创造性地开展工作。于是，成立生涯规划教育研究指导中心，申报生涯规划教育实验基地和课题，建设生涯探索馆，实现生涯课程、生涯品质、生涯咨询、生涯体验“四体共建”，探索以学业为中心重构生涯规划教育内容的方法，开发并出版校本生涯规划教育教材，规范学校生涯规划教育课程。

我们的体会是，如果决定要被动地应对要求，并努力制订计划，那么，以主动的姿态创造性地开展工作，才能取得满意的效果。

3. 这是一个具有从无到有、从有到优的过程的规划，因此，学习、宣传、调整、研究以及形成有形成果等需要认真策划。

生涯规划教育的规划和实施，可供直接借鉴的很少，学校在这方面的历史几乎是空白的，我们觉得仅仅拟订一个生涯规划教育的规划文本，就需要一个团队深入学习。当然，通过校外专家指导也可拟制一个规划文本，但这样的文本未必是合适的，即使合适，实施起来也会让人摸不着要义，一定需要学校里的一群教师从事这样的事。通过学习，制定了规划，需要制定者向全体老师宣传，于是我们在每周教师会上抽出 15 分钟时间，让学习研究生涯规划的老师向全校教职工宣讲。有宣讲就会有会后的交流和碰撞，这些又是我们调整的依据。一批核心成员需要有更高的目标追求，否则，学校在这方面的站位就不高，于是组织核心成员进行课题研究，开发精品课程，编著教材出版。

我们的体会是，一个新的教育内容的规划和实施，如果学校缺乏相应的基础，那就需要组织一批骨干专门化地集中学习，并在此基础上提供进一步探索的平台，然后借助各种情境，把探索的成果向全校教师宣扬，慢慢地改变教师的固有认知。这样，这个新的教育内容才能生根，成为教师自然而然的教育行为。

4. 这是一个需要新建团队推进的规划，因此如何物色有共同志向、共同愿景的参与者很重要，同时需要有相对固定的活动空间来增强基本的归属感。

新高考要求学校开展生涯规划教育，一般学校会把这项工作内容落实到分管学生的德育处，而德育处原来是有固定的工作内容的，新增加了一项工作内容，就会让一个副主任兼管一下，这样安排本身就决定了难以把这项工作做好。制定和实施生涯规划教育的规划，需要一个新的工作团队，把有共同愿景的人组合在一起。学校提供相应的空间和其他相应条件，让一批有共同志向的教师，在学校领导的关注和支持下开展工作。

我们的体会是，一个固有的工作团队，开展工作是有现成框架的，参与工作者也有归属感，但对于一个新建团队，没有共同志向，缺乏共同愿景，是很难开展有效工作的，相应的规划从制定到实施，会困难重重；新团队建立后，有一个固定的办公、讨论的空间很重要，这样凝聚性会增强。有的工作不一定要推着做，只要组建好一个团队，给予一些便利，提供良好的条件，就会蓬勃生长。

5. 这是一个能够切实促进教师教育能力的规划，因此从促进教育能力着眼，团结更多的参与者，向其他教师做宣传发动，会凝聚更强的能量。

掌握生涯规划教育的知识和技术，对教师的教育能力提升是很有帮助的，虽然生涯规划教育是一个比较大的系统，但我们在工作中抽取了跟教师教育能力密切相关的内容，引导教师去关注，去学习研究。我们有两点基本做法：一是从因材施教出发去认识生涯规划教育，二是从如何提高成绩出发阐发生涯规划教育。教师感受到了生涯规划教育原来跟自身的教育水平相关，于是参与进来，进而吸纳了生涯规划教育更广泛的知识。全体老师参与了，生涯规划教育的能量就形成了。回浦中学生涯规划教育的三年规划已完成实施，现在正根据教育形势的变革，以“学生发展指导”理念，对生涯规划教育做调整和扩容，其中负责指导学生自主招生的相关人员，从工作内容上转向“强基计划”的指导。

我们的体会是，一个新的教育内容的规划和实施，缺乏全体教师的积极参与是不行的，要让全体教师参与，就要把新的工作与教师的日常工作的提升结合起来，要把新的工作与教师的专业发展结合起来。

黑龙江省富锦市双语学校发展规划

一、学校基本情况与发展成效

（一）基本情况

富锦市双语学校成立于2006年9月，实行九年一贯制管理，是一所高标准、高起点的全日制寄宿民办学校。学校占地面积16900平方米，教学楼建筑面积12000平方米，教学辅助用房建筑面积9000平方米。学校现有教学班54个，中外籍教师共220人，在校学生2400余人。学校是我市第一所有外国人以合法身份驻校任教的学校，是第一所与中国台湾新北市瑞芳中学、菲律宾马塔斯纳卡小学建立深度文化交流的友好学校，是黑龙江省第一所全面开展“智慧教育”的学校。办学十余年来，学校先后荣获“全国优秀实验学校”“国家级十佳课题实验学校”“全国足球特色学校”“省级标准化先进学校”“黑龙江省首批研学旅行实验学校”等荣誉称号。

（二）发展成效

1. 办学理念。

建校时，我们的定位就是创办一所高起点、高标准的国际双语学校。我校的办学理念为：“母语为基、外语为辅、专业为本、道德为魂”，培养具有民族灵魂和国际视野的中国人。学校创办人周朝先生着重强调在以国语为基础，以英语为特色，强化基础知识和专业技能的培养，更注重学生道德品质、文化素养、人格魅力的培养，全面培养出具有民族精神和国际视野的时代双语英才。我校建有国学教室、茶修学堂和鱼骨画工作室等，开设书法、茶艺、经典诵读、鱼骨画等课程，继承和发扬中华民族优秀文化传统和美德。我们的学生带着校歌《年轻梦飞扬》和鱼骨画课程走入中央电视台少儿频道参赛，获得了周冠军；我们老师的茶艺课获得了佳木斯基本功技能大赛一等奖。走出去方能了解世界，才能有胸怀天下的世界观。作为省首批研学旅行实验学校，我们的师生足迹已经遍布我国香港、澳门、台湾、北京、上海、杭州、深圳、珠海，以及俄罗斯、菲律宾等地。

2. 办学特色和校训。

我校的办学特色为：双语、人文、智慧、创新。办学特色是我校在办学过程中不断积累和凝练出来的，同时，办学特色也一直在指导着我们的办学方向。为培养具有国际视野的人才，我们一直坚持双语教学；学校是教育人的地方，我们一直强调以人为主体，尊重人、关心人、爱护人；智慧时代已经来临，我校正大力推进智慧教学，实现现代信息技术与课堂教学的有机融合，打造智慧校园；创新是引领发展的第一动力，是建设现代化经济体系的战略支撑，我们就是要培养具有创新精神、能适应现代社会需要的时代新人。

我校校训是经过多年办学经验提炼出来的：为爱而教，学而自由（Teach with love, learn for freedom）。

“Teach with love”由外籍教师玛瑞娜在学校五周年校庆时首次提出，这是双语学校教师教学境界的真实写照和高度提炼。学校是教与学的结合，双语学校为学生创造的是什么样的学习空间呢？我们要培养学生自主学习能力，开拓学生视野，发散学生思维，促进学生综合能力和素养的全面提升。期待学生在更广阔的空间里自由翱翔，这就是学而自由，即 learn for freedom。

3. 课堂创建。

在小组教学的基础上，全面推进“智慧课堂”教学改革。学校于 2015 年在省内率先引入“智慧课堂”教学，四年内将“智慧课堂”教学全面推广和普及到各个班级，较好地实现了现代信息技术和课堂教学的有机融合。通过实施“智慧课堂”教学使教师的教学能力、学生的学习兴趣和学习成绩得以快速进步和提高。学校已经多批次派教师到台湾地区、宁波、杭州、珠海等参加“智慧课堂”比赛和学习；学校也已成功举办了三届“中双教育杯”

智慧好课堂邀请赛。《中国教师报》整版发文介绍我校开展“智慧课堂”教学和小组教学的成功经验。近三年，我校中考成绩连年创新高，有三人考入全市前五名，多学科荣获全市中考第一名，高中升学率全市名列前茅。

4. 完善的教师考核和培养机制。

2014 年，领导班子成员集中研讨制定了双语学校教师考核制度。几年来通过不断修订和完善，考核方案已经比较成熟，能公正公平地对教师工作进行科学考评。考核制度实施以来，极大调动了教师工作积极性，形成良性积极向上的工作氛围。依托北京中双教育集团的优势，学校对教师采取全面多元培养机制。一方面，集团内对新教师进行轮训，常态的培训有班主任寒暑假训练营、知名专家入校讲座、智慧教育工作坊、名师专题辅导等；另一方面，按计划定期派优秀骨干教师外出培训。通过培训，新教师业务能力和教学水平得以快速提升。近几年，多名教师在全国大赛中获奖。

5. 科学的学生综合评价体系。

为改变原有单一的评价标准，对学生进行全方位科学考评，学校制订了《双语学校学生综合考评方案》，并设立“星币银行”。此方案的实施极大激发了学生的学习热情，他们更乐于参加学校和班级组织的各项活动，学生的精神面貌焕然一新。

二、三年内亟待解决的问题与挑战

随着教育教学改革的不断深入发展，学校在进一步优化发展的过程中也面临很多问题和挑战。

1. 在学校规模与发展方面，近几年随着生源的快速增长，现校区已经超负荷，部分功能室被占用，对教学效果产生了一定的影响。

2. 在管理队伍建设方面，原有管理队伍成员年龄偏大，大部分已经退出一线；现管理队伍断层，中层管理队伍过于年轻化，经验不足，管理能力和业务水平都有待提升。

3. 在教师队伍建设方面，目前在职一线教师大部分是近四年入职的新教师，这部分教师工作经验不足，教学水平一般。近几年公务员、编制教师招聘机会很多，有些年轻教师不能踏实工作，不去潜心工作研究教学，把主要精力放在公务员考试上。近两年教师流失率近 20%。

三、学校发展目标

（一）总体目标

坚持把学校办成市内精品、省内一流、国际知名的特色智慧学校为总目标。把培养教师具有高尚的师德、渊博的知识、先进的教学理念、积极的探索精神、精湛的专业技能、民主的教学思想作为教师专业成长目标。立德树人，致力于培养具有国际视野和竞争力的德智体美劳全面发展的时代新人。

（二）具体发展目标

1. 学校建设发展目标。

学校经过十多年的建设与发展，社会知名度和认可度不断提高，生源数量不断增加，质量不断提升，现有校区已经不能满足办学发展的需要。为保证办学品质，走精品化办学之路。学校发展两条腿走路：一是异地选址建设富锦市双语学校第二校区，在第二校区内成立高中部和全封闭初中部，五年内实现第二校区基础设施建设完备，高中部和初中部各六个班；二是本校区采取限招策略，取消住宿生，原有学生公寓提供给中小学部午休生使用。2020 年起，本校区小学段每年招收 4 个班，初中段每年招收 6 个班。

2. 学校管理目标。

（1）完善制度建设。精细化学校内部管理，三年内优化完善所有管理和考核制度，重新修订学校管理制度手册。实现制度约束人，制度促进人，制度造就人的新局面。打造公正、公平、公开、风清气正的工作环境。

（2）完善分层管理制。积极创新学校管理制度，完善“分级管理，分部负责”的新型学校管理制度。三至五年内，培养出成熟稳健、有责任心、有担当、能够创造性开展工作的梯度管理队伍。实现分校区之间管理干部交流、晋升通道开放。

3. 文化育人目标。

（1）凝练学校核心价值体系：学校核心价值体系的构建已经完成，学校的办学理念、办学特色、办学目标、教师专业成长目标、学生培养目标、三风一训等凝练着我们的办学智慧和成果。如何更好地实现可复制的扩散，如何更好地解读和融入到育人中去，这是我们近期要思考和解决的问题。我们要在三年内让双语学校核心价值体系根植校园并遍地开花。

（2）彰显个性校园：文化守正扎根未来，独具匠心，凸显“双语、人文、智慧、创新”的办学特色。让校园的一草一木、每一块墙壁都会说话，每一块砖、每一角落有“双语”的故事。努力营造一个整洁文明又体现学校个性的育人环境。

（3）发挥智慧教育优势：完善“智慧教育”家校共建平台和网络家长学校管理，实现社区参与，家校互动的学校育人环境建设。

（4）把握宣传导向：加强微信公众号和《语寄》校刊等宣传平台的管理，及时向社会各界人士播报学校工作进展状态，彰显学校办学特色，使之成为宣传学校办学理念的最好媒介。

4. 课程改革目标。

深入推进课程改革。三年里，努力探索学校走班教学模式、分层达标、教学内容整合、教学策略动态实施、教学管理和学习效果科学评价，以优化课程改革体系，并总结探索出适合本校发展的走班教学的模式。

5. 课堂教学改革目标：三年时间落实和完善。

（1）集体备课下分层教学；（2）小组教学和学生课堂评价；（3）“智慧课堂教学”全面普及应用；（4）以学科组为单位出版各学科习题集，在使用过程中不断优化和完善。

6. 教育科研目标。

课题引领，教研铺路，促进课堂教学改革发展。以研促训，促进青年教师快速成长，积极探索科研兴校路径。（1）五年内完成有关“智慧课堂”教学国家课题的申请、立项和结题工作；（2）2020年按计划完成省“十三五”规划课题“运用多媒体改变课堂教学的策略与研究”结题工作；（3）2020年顺利通过佳木斯心理健康示范基地验收工作；（4）开展好佳木斯“智慧课堂”教学示范基地引领工作；（5）按计划开展好“智慧教育工作坊”课题研究工作。

7. 教师培养目标。

培养具有高尚的师德、渊博的知识、先进的教学理念、积极的探索精神、精湛的专业技能、民主的教学思想的教师队伍。建设一支德艺双馨、爱岗敬业的教师队伍，建设一支充满活力、改革创新、为学生放飞梦想的教师队伍。教师以德树人，以爱育爱，教师爱岗敬业，深化教改，教师绽放年轻活力，师生关系和谐融洽。

8. 学生培养目标：立德树人，促进学生德智体美劳全面发展。

（1）加强校际间和国际间学生研学交流。争取三年内再建立两所国际友好学校。每年组织优秀学生研学旅行。现已与中国台湾新北市瑞芳中学、菲律宾马塔斯纳卡小学深度互访交流六次。

（2）丰富和深入社团活动。学校现有12个社团在常态化开展活动，三年内将社团发展至20个以上。

（3）增强学生健康体质。培养学生运动兴趣，掌握运动技能，提升竞赛水平，学生健康体质逐年提升。开展丰富多彩的运动项目和竞赛。保持在全市体育竞赛中的绝对优势并在单项中要有突破。作为全国足球特色学校，近三年在地级市足球比赛中要取得名次。近两年我们已经荣获全市环城赛、足球赛、冰上运动会第一名，全市中小学运动会第二名。

四、发展策略

（一）可复制、可裂变策略

完善双语核心价值体系，做好内涵和外延建设；完善双语课程改革体系；构建双语“智慧课堂”推广和评价机制；形成双语分层管理梯队；建立科学的教师和学生考核评价机制。将成熟的管理体系和课程改革体系推广和延伸到其他联盟校，打造高标准集团化管理模式。

（二）优势共享互补策略

根据地域和生源特点，合理布局校区建设。在三年规划内，富锦市内校区主要招收优质走读生源，取消住校生，校区生源控制在 2000 人以内，进一步完善功能区建设和使用，把市内校区打造成精品名校。市郊建成初、高中全封闭寄宿制校区。两校区整合后实现优势互补，资源共享，并为集团化办学提供典型成功范例。

五、规划保障

（一）组织机构保障

建立学校发展规划领导小组，负责发展规划的制定、修订、落实、监督和考评。在发展规划实施的过程中，分工明确，责任落实到人，实施精细化的管理和考评机制。成立由社区、家委会、学校工会、校务办、学生会组成的监委会，定期召开监评会，梳理在实际工作中出现的问题和错误，由规划小组负责整改和纠错。

（二）专家团队保障

依托北京中双教育集团和专家团队，对学校发展规划进行可行性评估，对发展规划进行分解性指导，对相关负责人进行指导和培训，在遇到瓶颈和出现方向性错误时给予必要的支持和指导。

（三）后勤服务保障

按照学校发展规划，未来三到五年内，在教学楼建设、改造和校园文化建设方面都要投入大量资金。后勤主管部门在资金统筹、设计规划、施工监督、工程验收、维修维护等方面统筹安排，职责明确。监委会做好监督和评价。

（四）党建引领保障

双语学校党支部是富锦市示范党支部，先进党建基地。党建带动团建，团建引领校风。在落实发展规划的过程中，发挥党支部的战略引领、指导和监督作用，发挥党员教师的先锋模范带头作用，勇担先锋，勇于拼搏，成为学校发展、改革的中坚力量！

黑龙江省富锦市双语学校发展规划的问题与反思

黑龙江省富锦市双语学校　周朝

为了进一步明确学校发展方向，提升双语学校品牌影响力，实现办学质量稳步提升，我校依据《国家中长期教育改革和发展规划纲要（2010—2020年）》和中共中央办公厅、国务院《关于深化教育体制机制改革的意见》指导精神，结合我校校情在2019年制定了学校发展规划。规划的制定为我校近三年的发展明确了目标和方向，为学校的良性发展提供了制度保证。但在实施过程中，我们发现规划本身也存在一些问题和不足，现总结如下：

一、目标不明确

学校发展总体目标非常明确，但具体发展目标涵盖不全面，部分具体目标不明确，可操作性不强。

1. 课程开发目标不明确。我校办学目标明确突出双语特色办学，优化多元课程体系，促进学生德智体美劳全面发展。由于我校地处偏远县级小城，学生英语基础薄弱，英语师资水平不高，虽然在课程中加入了外教口语教学，但总体来说双语教学进程推进比较缓慢。今后，一方面要加大英语教师口语水平培训；另一方面要稳步推进各学科双语教学，特别是非考学科双语课程的开发。

2. 设备改造目标不明确。我校在黑龙江省首家引入“智慧课堂”教学，在制定规划时，学校已经普及“智慧课堂”教学，且在“智慧课堂”教学方面取得了很多成绩。多媒体技术迅猛发展，更新迭代快，“智慧课堂”教学软件版本也不断升级，学校现有多媒体设备逐渐落后与新版软件不兼容，不能满足“智慧课堂”教学需求，教师在应用“智慧课堂”教学过程中遇到很多问题和困难，使智慧教学的开展和应用遇到了很大的障碍，因此打消了很多教师应用“智慧课堂”教学的积极性。学校要根据“智慧课堂”技术应用情况制订相应的设备更新改造计划，满足“智慧课堂”教学应用和发展的需要，其他设备更新改造计划亦应如此。

3. 部门发展目标不明确。各个部门团结、负责任、有创造力、有执行力，学校工作才会有效率。我校建立了比较成熟的部门管理架构和运行模式，但在部门功能效益方面不够细化，缺少客观有效的评价，出现了部门间扯皮和推卸责任的情况。今后，要细化各部门工作职责，加大考核力度和奖惩制度，明确部门功能效益。

4. 个人发展目标不明确。具有高尚师德、渊博的知识、精湛的专业技能，这是我校对教师培养的基本目标。每位双语教师都在“为爱而教”。时代在发展，我们恰处在信息技术变革时代，教师要顺应时代发展，更新教学思想和观念，把现代信息技术融合到课堂教学中来，所以对教师的个人发展目标也提出了更高的要求。因此，我校正在完善落实智慧教师评价方案，为教师的专业发展指明方向，通过智慧评价手段对教师的教学效果进行直观系统的科学评价。

反思：在制定规划时，没有让学校各部门的所有负责人参与进来，没能将学校具体目标分解到位，在制定规划时研讨不到位、不充分。部分具体目标负责人没能充分对具体目标进行整体构建和布局，具体目标模糊，没有对具体目标进行递进式分步达成时间的规定，使规划的可操性大打折扣。

二、对学校存在的问题剖析不足、不充分

依据学校发展规划基本纲要，充分剖析学校目前存在的问题和不足，才能针对问题和不足制定行之有效的解决策略和方案，才会使发展规划更加完善。在我校发展规划实施过程中发现自我认识不足，还存在着德育教育有盲点、教务考核泛化、教研不够深入等诸多问题。在制定规划时没有

将这些问题列入规划或者对这些问题没有明确的提升目标，导致规划的制定不够全面。

反思：学校的常规管理有不完善的地方，各部门的工作计划不细致、不明确，工作总结不到位。这也是制定规划时分解不到位的结果。

三、彰显特色办学目标不突出

我校的办学特色是双语、人文、智慧、创新。办学要围绕办学特色展开，在规划中虽然对办学特色有目标要求，但是在如何实现双语、人文和创新方面目标不突出、不明确。例如今后如何进一步开设双语课程，加强学生口语交际能力；如何体现双语学校的人文建设；在创新方面我们有什么具体目标、实施措施等。

反思：在制定规划时，领导班子成员要高屋建瓴、集思广益，围绕学校未来发展方向和办学目标进行广泛深入地调研和讨论，科学全面确定规划的总目标。在确定分目标后，分目标负责人也要在确定和落实分目标时，在负责范围内广泛征求意见，明确职责，层层落实。同时，我们要对分目标预期效果进行评估，评估在顺利完成各项分目标的情况下是否能达成总目标，是否符合学校发展的理想样态。

四、在规划中没有列入动态性调整目标预案

这两年来，上级主管部门对有关制度和政策进行调整；区域内生源人数、质量在发生变化；其他学校的办学质量和招生策略也在发生变化。例如，上级主管已经对各小学的择校优惠政策和学区的划分进行了调整，这对我校招生的数量和来源组成都产生了比较大的影响。相对应地，我们要根据实际情况进行科学研判和动态调整，这就要求我们发展规划领导小组要定期或临时召开会议，研究应对策略，对发展规划进行必要的调整。

反思：发展规划制定完成后，在实施的过程中，在保证总体目标不变的

情况下，发展规划领导小组在实施的过程中要科学研判，对方案实施进行动态调整。实施过程中对发展规划进行微调，确保整体规划顺利实施，最终达到预期效果。

后　记

许多年前，我调往一所学校任职时，学校的一位办公室副主任是我曾经的学生，他遇到我时所说的第一句话就是，这些年来学校的计划、总结大多出自他的笔下。我很不客气地回了一句："你的意思是不是这以前你才是本校真正意义上的校长？"紧接着，我同他说："学校的计划总结我是不会让别人代劳的。"不过，这位同事所言并非个案，问题是我们对此类现象早已经见怪不怪了。个中原因我以为是多方面的，其中很重要的一个原因恐怕在于这些管理者没有认识到"计划即管理"，或者说没有意识到学会管理的第一步就是学会做计划。本人退休以后主要从事学校教育的咨询与诊断工作，碰到的一个普遍性问题就是管理者们不知道如何制定学校发展规划，更没有意识到发展规划与学校发展之间的关系。一个普遍的现象是规划是规划，运作是运作，规划不过是写给有关部门看的。鉴于这样的现实问题，大夏书系的朱永通老师建议我约几位同仁就学校规划与学校发展的问题编一本册子，供校长朋友们主持制定和实施学校发展规划时参考，历时一年多，于是就有了这么一本小册子。

本书上篇主要由本人与黄正老师执笔撰写，主要阐述为什么说"规划"即"管理"，以及"规划"的特征和规划编制有关的一些理论与方法。下篇主要给读者提供了一些来自不同学校的规划样本。上篇中有关"链接"与下篇中的"样本"及"反思"分别由芮火才、潘红星、庄惠芬、杨正奎、周朝、曹海永等老师提供，所以他们也是本书的作者。上篇引用的观点与案例，行文中都做了具体的说明。在此，对所有参与本书写作，以及为本书写作提供案例及样本的朋友一并表示衷心的感谢！同时还要感谢庞川教授、任勇老师欣然答应为本书作序，也要感谢朱永通、万丽丽、杨坤编辑为本书付出的辛勤劳动！书中所述，难免失之偏颇，欢迎各位读者朋友予以匡正！

凌宗伟